기업의 핵심 인재가 갖추어야 할

핵심경영기법 - 60선

김상수
(주)비투엘소프트

체험 기반의 경영 시뮬레이션 Biz-CEO와
Blended Learning

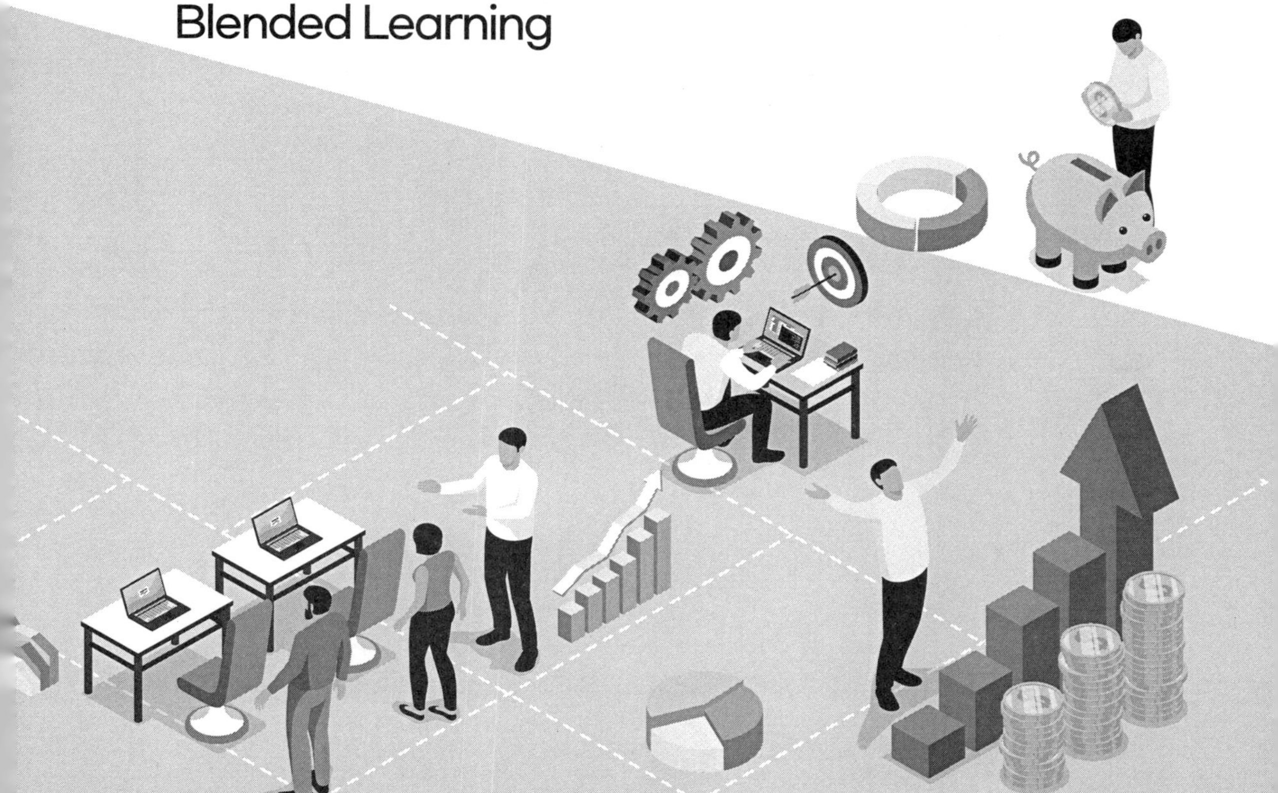

도서출판
시대가치

서문

체험 중심의 경영 시뮬레이션 개발 및 교육

급격하게 변화하는 경영 환경과 치열한 경쟁 속에서 기업들이 생존하고 지속가능 성장을 할 수 있는 핵심 동인은 무엇보다도 사람, 인재일 것이다. 대학과 기업에서 이들 인재들을 육성하기 위한 많은 노력을 하고 있으나 교육 수요자인 학습자와 기업들은 대학 및 기업 교육에 대해서 많은 아쉬움을 가지고 있다. 특히 DX, 비대면, Big Data, AI, 메타버스 시대에 IT에 익숙한 학습자들에게 단순하게 듣는 교육은 한계가 있을 것이다.

최근에는 기업의 인재 육성 및 대학의 경영 교육 도구로서 체험 중심의 경영 시뮬레이션 콘텐츠를 사용한 교육이 널리 활용되고 있다. 경영 시뮬레이션 교육에서는 체험하고(learn by doing), 경쟁하고(learn by gaming), 학습이 가중되기(learn by accelerating) 때문에 교육생들의 참여도 및 몰입도가 높고, 교육 효과가 매우 뛰어나다. 이처럼 경영 시뮬레이션 게임을 활용한 교육은 다른 교육 방법에 비해서 교육 효과가 높고, 장점이 많기 때문에 앞으로 더욱 활성화될 것이다. 따라서 기업의 핵심 인재를 육성하는 도구로서 경영 시뮬레이션 게임 기반의 교육에 대해서 보다 진지하게 접근하고, 활용할 수 있는 방안을 모색할 시점이다.

필자는 지난 20년 동안 ㈜비투엘소프트와 함께 경영 시뮬레이션 콘텐츠를 개발하고 기업과 대학에 공급해왔다. 팀장과 임원을 위한 Biz-CEO, 사원과 관리자를 위한 Biz-Manager, ESG 관리자를 위한 Biz-ESG, 창업자를 위한 Biz-Champion, 대학생을 위한 Biz-MBA 등 총 5종을 개발하였다. 이들 콘텐츠들은 많은 기업과 대학에서 널리 활용 중이다. 또한 전자산업의 삼성전자 SDMS, 철강산업의 포스코 PBS, 정유산업의 SKI SKBS, 전기차 배터리산업의 SKI SBBS, 서비스산업의 홈앤서비스 HNSBS, 협상 시뮬레이션 HSG HBS, 캐롯글로벌의 글로벌인재육성 시뮬레이션 GTMS, LG전자 신입사원 시뮬레이션 GVCS 등을 개발하였다.

체험 방식의 교육과 듣는 방식의 교육 융합(Blended Learning)

체험 방식의 경영 시뮬레이션 교육을 진행하면서 많은 학습자들은 경영 기법과 이론에 관한 사전 및 사후 교육을 필요로 하고 있다. 따라서 이를 보강하기 위해서 기업 구성원이 알아야 할 핵심 경영 기법 60개를 선정해서 어느 상황에서, 어떻게 활용해야 하는지를 중심으로 정리하였다. 전체적으로 7개 영역으로 구성되어 있고, 각 영역에서 알아야 할 기본적인 기법 60개로 구성되어 있다. 체험 중심의 경영 시뮬레이션 교육과 함께 본 저서의 기법들이 융합되면 교육 효과는 더욱 높아질 것으로 기대한다.

- 외부환경 분석 기법 13개
- 내부환경 분석 기법 5개
- 환경 분석 종합 및 비전과 목표 수립 5개
- 기업 차원 전략 및 관리 기법 13개
- 혁신과 차별화 전략 및 관리 기법 13개
- 경제적 타당성 기법 6개
- 재무제표 분석 기법 5개

비투엘소프트와 가족에게 감사

먼저, 이 책의 내용을 선정하고 정리하는 데 도움을 준 비투엘소프트의 구성원에게 감사를 드리고자 한다. 지식 전문가로서 콘텐츠 개발자, 전문 강사로 함께하는 이근필 소장, 심종규 책임연구원, 박현규 책임연구원 등에게 감사의 마음을 전하고자 한다.

또한 평생을 노트북하고 씨름하고 있는 파트너를 온갖 정성을 다해서 응원해 주는 나의 아내 은정씨, 이제는 딸이 아닌 파트너로서 아빠를 응원해 주는 두 따님, 지연씨, 지은씨에게 진심어린 감사의 마음을 드리고자 한다.

2024년 4월
저자 씀

차례

PART 01 외부환경 분석

PART 02 내부역량 분석

PART 03 환경 분석 종합 및 비전과 목표 수립

PART 04 기업 차원 전략 및 관리 기법

PART 05 혁신 및 차별화

PART 06 경제적 타당성 분석

PART 07 재무제표 분석 및 추정

PART 01

외부환경 분석

[외부환경 분석 경영기법 체계도]

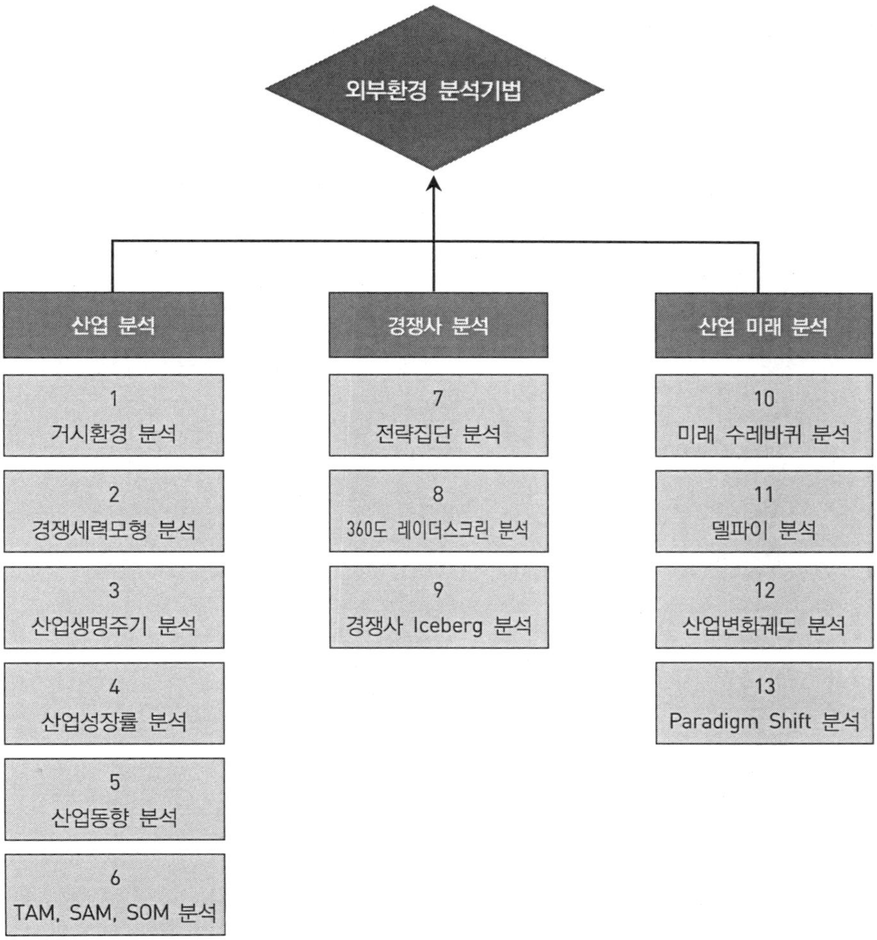

[외부환경 분석기법 - 13개]

구분	번호	기법	주요 질문
산업분석	1	거시환경 분석기법	산업과 기업에 영향을 주는 외부환경 요인은 무엇인가?
	2	경쟁세력모형 분석기법	산업구조는 매력적이고 수익성이 높은가?
	3	산업생명주기 분석기법	산업의 생명주기는 어느 단계에 있는가?
	4	산업성장률 분석기법	산업의 연평균 성장률은 어느 정도인가?
	5	산업동향 분석기법	산업의 주요 동향은 무엇인가?
	6	TAM-SAM-SOM 분석기법	산업의 시장 규모는 어느 정도인가?
경쟁사분석	7	전략집단 분석기법	산업 내 주요 경쟁사들은 어떤 특성을 가지고 있는가?
	8	360도 레이더스크린 분석기법	산업 내외의 주요 경쟁사 및 잠재적 경쟁자는 누구인가?
	9	경쟁사 Iceberg 분석기법	산업 내 주요 경쟁사의 특징은 무엇인가?
산업미래분석	10	미래 수레바퀴 분석기법	산업에 주요 이슈들이 발생했을 때 어떤 일들이 일어나는가?
	11	델파이 분석기법	산업의 미래와 기술이 어떻게 변화할까?
	12	산업변화궤도 분석기법	산업은 어떤 방향으로 변화하고 있는가?
	13	Paradigm shift 분석기법	산업의 paradigm이 변화하는 큰 변화는 무엇인가?

거시환경 분석기법 (PEEST, STEEP) 01

1. 개념

① 거시환경 분석기법(PEEST, STEEP)은 "기업에 영향을 주는 중요한 외부환경 요인은 무엇인가?"란 질문에 답하는 기법임. 기업에 영향을 주는 외부환경 변화를 정치(Political), 경제(Economic), 환경(Ecological), 사회문화(Social), 기술(Technological) 관점에서 분석하는 기법으로서 PEEST 혹은 STEEP기법이라 함.

② 외부환경 변화를 체계적으로 분석하고, 이들 환경 변화가 가져다주는 기회와 위협 요인을 찾아내서 기업 전략 수립에 반영하는 중요한 기법임.

③ 기업에 영향을 주는 거시환경 요인들을 크게 5개 영역으로 분류해 분석함.

- 정치적 요인 : 정치구조, 정치적 불안정성, 환경법, 노동법 등과 같은 정치 법률적 규제 요소
- 경제적 요인 : 경제성장률, 환율, 금리, 유가, 주가, 국제수지 등과 같은 경제환경 요소
- 사회문화적 요인 : 출생률/사망률, 세대 갈등, 생활 패턴 등과 같은 사회문화적 변화 요소

〈거시환경 분석기법의 Framework〉

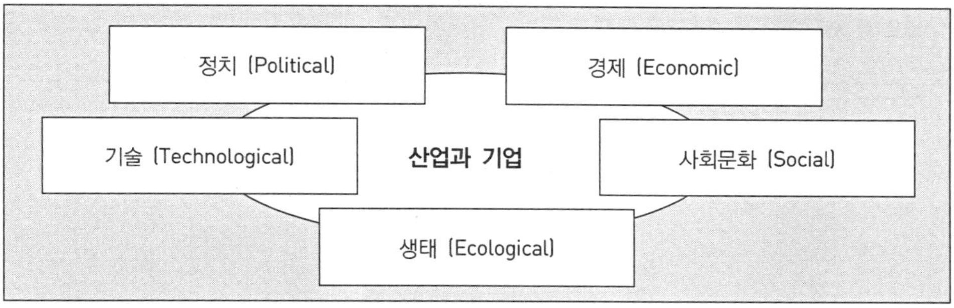

- 기술적 요인 : AI, 통신, 생산 기술 등과 기술적 변화 요소
- 생태학적 요인 : 코로나, 기후변화, 자연재해 등과 같은 생태학적 변화 요소

2. 사례

1. 교육시장의 외부환경 변화를 거시 환경 분석으로 분석한 사례임.
2. 분석 결과, 교육시장은 전체적으로 시장 규모는 축소, 평생 학습으로 인한 성인 교육시장 확대, IT 기술과 교육 융합 가속화 등의 시사점이 도출되었음. 이 같은 환경 변화에 따라서 차별화된 실습형 콘텐츠를 개발하고, 콘텐츠에 IT를 융합한 에듀테크 사업을 강화할 필요가 있을 것으로 보임.

〈사례, 교육시장의 외부환경 변화〉

정치
1. 대통령 선거에 따른 교육 정책 불확실성 증대됨
2. 교육시장 개방 및 해외 업체들 한국 진출
3. 대학 입시 정책의 가변성 높음

경제
1. 글로벌 경제의 불확실성 증가
2. 부동산 시장 불확실성 및 가계 부채 증가

기술
1. AI, Big Data, Cloud 컴퓨팅 등 IT 기술
2. 교육과 IT 기술의 융합 가속화
3. 가상 현실 세계 등장 및 메타버스

사회문화
1. 저출산에 따른 교육 학생 수 감소
2. 평생 교육의 중요성
3. MZ 세대의 등장 및 학습 방법 변화
4. 학습 방식의 변화, 마이크로 러닝

생태학
1. 코로나 19로 인한 비대면 교육 증가
2. 코로나 19로 레저 활동 감소

3. 적용 방법

1단계: 거시환경 변화 탐색

회사가 속한 산업에서 일어나고 있는 큰 변화와 이슈들을 정치, 경제, 사회 문화, 기술, 생태학적 관점에서 찾아냄.

2단계: 시사점 도출

1단계에서 찾아낸 거시환경 변화 요인들이 자사에 미치는 기회와 위협들을 종합하여 시사점을 도출하고, 중장기 전략 수립에 반영함.

〈거시환경 분석기법〉

정치	경제

기술	사회문화

생태학

〈시사점〉

1.

2.

3.

경쟁세력모형 분석기법 02

1. 개념

① 경쟁세력모형 분석기법(Five Forces Model)이란 "산업구조는 매력적이고 수익성은 높은가?"라는 질문에 답하는 기법임. 기업이 속한 산업 내 주요 경쟁세력인 경쟁자들과의 경쟁강도 · 고객의 협상력 · 공급자의 협상력 · 신규 진입자의 위협 · 대체재의 위협을 분석해서 산업의 매력도와 수익성을 분석하고, 이에 대한 대응전략을 수립하는 분석 방법으로서 'Five Forces Model'이라고 함.

② 산업구조와 매력도를 결정하는 산업 내 세력들을 5개 유형으로 분류해 분석함.

- 산업 내 경쟁 강도(Industry Competition)
  산업 내에서 경쟁하고 있는 시장참여자들 간의 경쟁
- 고객 협상력(Power of Buyers)
  가격인하, 품질제고 압력 등 최종 고객이 갖는 협상력
- 공급자 협상력(Power of Suppliers)
  가격인상, 품질저하 위협 등 자사에 대한 공급자의 협상력
- 신규 진입자 위협(Threat of New Entrants)
  신규 진입자와의 경쟁으로 인한 자사 수익성 하락의 위협
- 대체재 위협(Threat of Substitutes)
  제품 및 서비스를 대체할 수 있는 잠재적 경쟁자의 경쟁 위협

〈경쟁세력모형 분석기법의 Framework〉

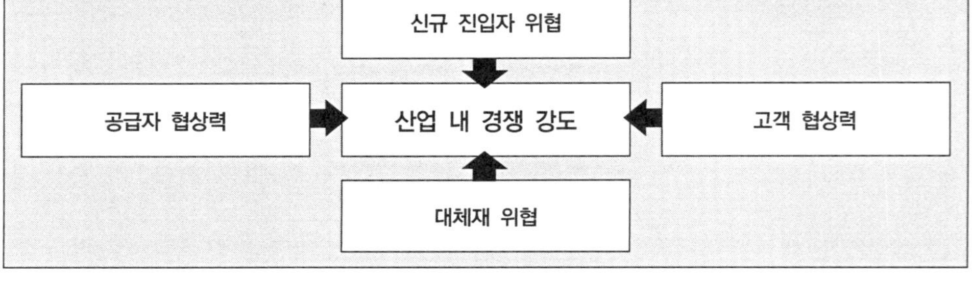

2. 사례

1. 캐릭터 산업구조를 경쟁세력모형으로 분석하는 사례임.
2. 분석 결과, 캐릭터 산업은 산업 내 경쟁이 치열해지고 잠재적인 진입자의 위협이 높은 편임. 공급자 및 구매자와의 관계가 우호적이고 대체재의 위협이 매우 높음. 전체적으로 캐릭터 시장은 경쟁이 치열하고, 콘텐츠 차별화에 성공하면 기대이익이 매우 높은 산업임.

〈사례: 캐릭터 산업의 경쟁세력모형〉

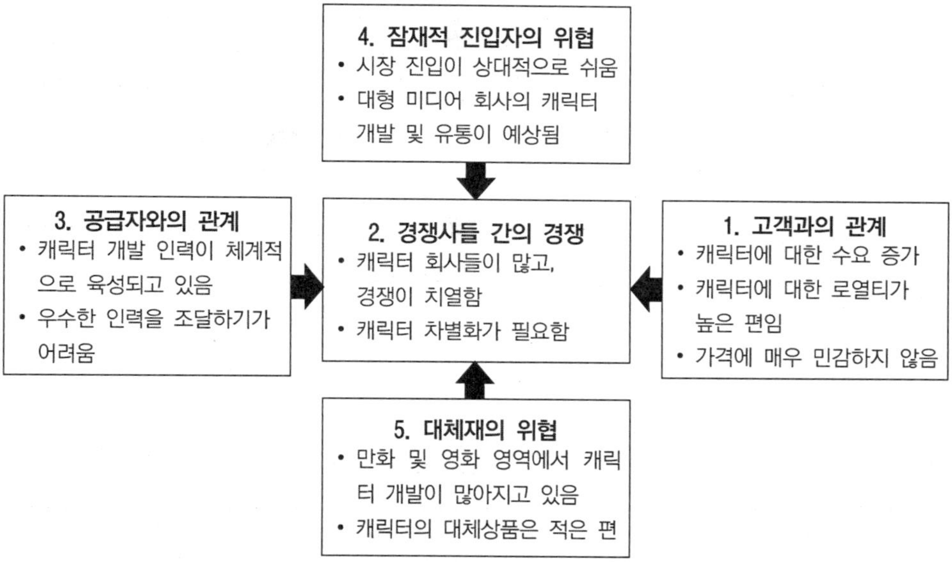

3. 적용 방법

1단계: 경쟁세력 정의

자사를 중심으로 경쟁세력모형의 다섯 가지 경쟁세력들을 분석하여 정의함.

2단계: 산업 매력도 분석

각 경쟁세력들에 대한 자사의 협상력을 분석하여 산업의 매력도를 평가함.

3단계: 시사점 도출

경쟁세력 분석으로 분석된 자사의 경쟁적 위치 및 기회와 위협들을 종합하여 시사점을 도출해서 경쟁전략 수립에 활용함.

〈경쟁세력 분석기법〉

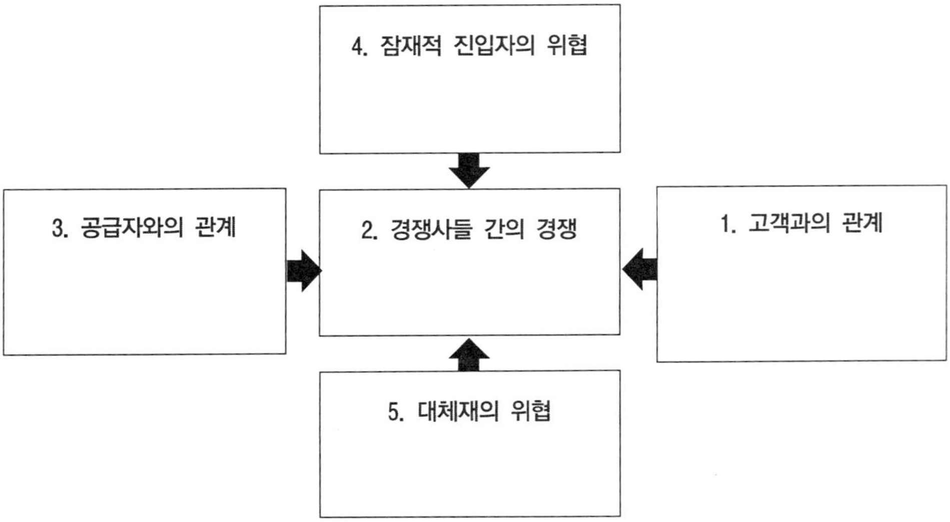

〈시사점〉

경쟁세력	기회와 위협
고 객	
경 쟁 사	
협 력 사	
진 입 자	
대 체 재	
시 사 점	1. 2. 3.

산업생명주기 분석기법 03

1. 개념

① 산업생명주기 분석기법이란 "산업의 생명주기는 어느 단계에 있는가?"라는 질문에 답하는 기법임. 산업과 제품은 도입기, 성장기, 성숙기, 쇠퇴기의 4단계를 거치면서 변화한다는 가정 하에 산업 및 제품의 생명주기가 어떻게 변화하고 있는지를 분석하여, 경영 전략 및 마케팅 전략 수립의 도구로 활용하는 기법으로서, 'Product Life Cycle 기법'임.

② 일반적으로 산업과 제품의 생명주기는 크게 4단계로 나누어서 도입, 성장, 성숙, 쇠퇴하는 패턴을 보임.

- 도입기(Introduction) : 산업이 태동하는 시기로 산업 내에 경쟁자가 거의 없고 제품과 산업의 성공 여부가 불확실한 단계이며, 자사의 장점을 인식시키기 위해 강력한 마케팅이 필요함.
- 성장기(Growth) : 소비자가 제품에 대해 인지함에 따라 매출과 수익이 증가하게 되어 산업 내 많은 경쟁자들이 등장하는 단계로 자사 제품과 브랜드의 차별화가 필요함.
- 성숙기(Maturity) : 시장의 포화와 잠재적 소비자들이 이미 제품을 구입함에 따라 매출과 성장의 정체가 일어나기 시작하는 단계로 시장 확대보다는 유지에 초점을 맞추는 전략이 필요함.
- 쇠퇴기(Decline) : 산업 내 극심한 경쟁으로 인해 산업구조의 개편이 시작되는 단계로 투자의 최소화 및 철수를 고려해야 함.

〈산업생명주기 분석기법 Framework〉

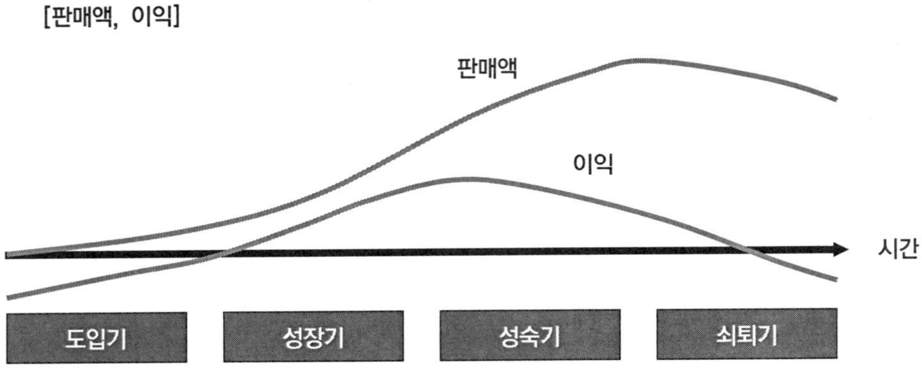

2. 사례

1. 가상 산업의 지난 5년간 매출액을 기초로 산업생명주기를 분석한 사례임.
2. 라이프 사이클에 대한 분석 결과, 성장기에서 성숙기를 거쳐서 쇠퇴기로 진입하고 있으며, 시장이 정체되고 있음. 따라서 경쟁사와 차별화할 수 있는 전략이 필요하고, 장기적으로 쇠퇴기에 대비해서 시장을 Exit할 필요가 있어 보임.

〈1단계: 시장 매출 자료〉

	과거 5년간 매출 및 판매량																			
분기	1년				2년				3년				4년				5년			
	Q1	Q2	Q3	Q4	Q1	Q2	Q3	Q4	Q1	Q2	Q3	Q4	Q1	Q2	Q3	Q4	Q1	Q2	Q3	Q4
시장 매출액	2,000	2,200	2,300	4,000	7,000	9,000	12,000	14,000	16,000	18,000	20,000	22,000	24,000	25,000	25,000	26,000	26,100	26,500	25,000	24,500

〈시장 매출액〉

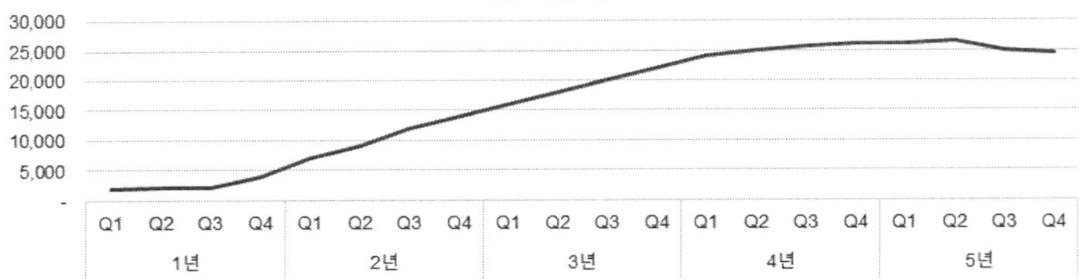

3. 적용 방법

1단계: 산업의 자료 수집 및 분석

산업의 총 매출액이나 판매량, 이익 등에 관한 자료들을 시간의 흐름에 따라 수집 분석함.

2단계: 산업생명주기 분석

매출액 혹은 이익의 추세를 분석하여 산업생명주기 중 어느 단계에 있는지 판단함.

3단계: 시사점 도출

산업생명주기에 따라 발생할 수 있는 기회와 위협에 대한 대응전략을 수립함.

〈산업생명주기 분석〉

연도/분기				
매출액				
매출성장률(%)				
순이익				
이익 성장률(%)				

〈시사점〉

1.

2.

3.

산업성장률 분석기법(CAGR) 04

1. 개념

① 산업성장률 분석기법은 “산업의 연평균 성장률은 어느 정도인가?”라는 질문에 답을 하는 기법임. 산업의 매출 및 이익이 어느 정도 성장하고 있는지를 분석하는 기법으로서 과거 자료를 기반으로 계산된 성장률을 산업 및 기업에 적용하여 향후 예상되는 장기적 성장률을 예측하거나, 신규 프로젝트의 성장률 및 수익성을 평가하는 중요한 기법임.

② 산업성장률 분석은 시작점에서 시작해 만료가 되었을 때 평균적으로 매년 복리로 몇 %의 성장이 있었는지를 분석하는 기하평균 CAGR(Compound Average Growth Rate)을 사용함. 성장률에 대한 시계열 자료의 기하평균을 구하는 이유는 여러 기간의 지표 증감률의 단순 평균 값을 구하면 전혀 다른 결과가 나올 수 있기 때문에 해당 지표의 증감 추이를 보다 정확히 표현하기 위함임.

- $CAGR = (C_t/C_0)^{(1/(t_n - t_0))} - 1$
- C_t는 마지막 연도의 값, C_0는 최초 연도의 값, t_n은 시작 연도, t_0는 마지막 연도

2. 사례

1. 가상 산업의 지난 5년간 매출액을 기초로 산업성장률을 분석한 사례임.
2. 분석 결과, 해당 산업의 성장률은 15%로 분석되었음.

〈산업성장률 분석〉

연도	2017	2018	2019	2020	2021
매출액	1억	1.5억	1.7억	1.8	2억

2017년: 1억, 2018년: 1.5억, 2019년: 1.7억, 2020년: 1.8억, 2021년: 2억일 경우

$$\mathrm{CAGR} = (C_t/C_0)^{(1/(t_n - t_0))} - 1$$

$$\mathrm{CAGR} = (2\text{억}/1\text{억})^{(1/(4-1))} - 1 = 15\%$$

3. 적용 방법

1단계: 성과 자료 수집

일정기간 동안의 매출액, 영업이익 등에 관한 기초 시계열 자료를 수집함.

2단계: CAGR 계산

분석하고자 하는 시작 시점과 마지막 시점을 선택하고 CAGR식에 대입하여 연평균 복합 성장률을 계산함(기초자료를 Excel에 입력하고 CAGR 공식을 활용하여 계산).

3단계: 성장률 예측

계산된 성장률을 적용하여 향후 3~5년간의 중장기 매출이나 이익 목표를 예측함.

〈최근 5년간의 매출액과 영업이익〉

연도					
매출액					

⬇

매출액 CAGR =

〈향후 5년간의 매출액과 영업이익 예측〉

연도					
예상 매출액					

05 산업동향 분석기법

1. 개념

① 산업동향 분석기법은 "산업의 최근 주요 동향은 무엇인가?"라는 질문에 답을 하는 기법임. 기업이 속해 있거나 진출하고자 하는 산업의 현황을 분석하고 미래의 변화를 예측해 보면서 산업의 동향과 변화가 주는 기회와 위협을 찾아내서 전략 수립에 활용하는 기법임. 산업의 동향과 추세가 어떻게 변화하는지를 모르고는 기업이 전략을 수립할 수 없기 때문에 외부환경 분석의 첫 단계에서 수행해야 함.

② 산업동향 분석기법의 주요 분석 영역은 산업 현황 분석, 산업 전망, 대응방안 수립의 세 가지 영역으로 나눔.

- 산업의 현황 분석 : 산업의 분석 범위를 정의하고 현재 상황을 분석함. 분석 범위를 너무 크게 설정하면 산업의 동향을 분석하기가 힘들고 너무 작게 잡으면 분석 결과의 유용성이 낮아지게 됨.
- 산업의 전망 : 산업의 미래 모습을 객관적 지표를 중심으로 시간의 흐름에 따라서 전망함.
- 대응방안 수립 : 산업의 현황과 미래 모습에 대해 객관적 지표를 중심으로 시간의 흐름에 따라 분석함으로써 기회와 위협을 찾아내고, 선제적인 대응방안을 수립하는 데 활용함.

〈산업동향 분석기법의 Framework〉

산업 범위와 정의
⬇
산업의 현황 분석
⬇
산업의 전망
⬇
대응방안 수립

2. 사례

게임산업의 동향을 산업동향 분석기법을 사용해서 분석한 자료임(2020년도 게임백서).

<table>
<tr><th>산업명</th><td colspan="3">게임산업(Game Industry)</td></tr>
<tr><th>산업의 정의</th><td colspan="3">컴퓨터 프로그램으로 만들어져 엔터테인먼트적 요소가 가미되고 일정한 규칙이 부여된 콘텐츠를 PC, 가정용 콘솔, 휴대폰 등의 각종 플랫폼에서 플레이하는 것</td></tr>
<tr><th rowspan="5">세부영역
및
주요기업</th><th>영역</th><th>정의</th><th>주요 기업</th></tr>
<tr><td>아케이드</td><td>오락실 등 컴퓨터 게임장용 게임</td><td>네오지오,
반다이</td></tr>
<tr><td>콘솔</td><td>플레이스테이션, 닌텐도 스위치 등 전용게임기에서 이용할 수 있도록 개발하여 제공되는 게임서비스</td><td>닌텐도, 소니</td></tr>
<tr><td>온라인(PC)</td><td>게임 회사나 ISP서버에 게임을 장착하여 접속한 이용자들이 동시에 진행하는 게임</td><td>엔씨소프트,
라이엇게임즈</td></tr>
<tr><td>모바일</td><td>휴대폰 등의 모바일 인터넷 게임을 서비스하는 게임</td><td>넷마블, 카카오</td></tr>
<tr><th>분석대상</th><td colspan="3">국내에서 게임과 관련된 사업을 영위하는 기업들</td></tr>
<tr><th>구분</th><th>주요변화 동향</th><th colspan="2">원인</th></tr>
<tr><th>산업의 성장</th><td>꾸준한 성장 산업 면모</td><td colspan="2">코로나19 확산으로 인해 대표적 비대면 콘텐츠인 게임 소비 증가</td></tr>
<tr><th>산업의 구조와 특성</th><td>확률형 아이템 뽑기 모델 균열 발생</td><td colspan="2">소비자들의 성향이 pay to win 성향에서 pay to fun 성향으로 변화</td></tr>
<tr><th>산업의 기술적 변화</th><td>차세대 게임기
시장 경쟁 본격화</td><td colspan="2">닌텐도 스위치, 플레이스테이션의 흥행, 마이크로소프트 차세대 게임기 발표</td></tr>
<tr><th>거시환경변화</th><td>코로나19 확산</td><td colspan="2">아케이드 게임, PC방 등 대면환경영업 피해, 게임기 수출 중단</td></tr>
</table>

3. 적용 방법

1단계: 산업의 정의와 범위

해당 산업을 정의하고 분석하고자 하는 산업의 범위를 결정함.

2단계: 산업 현황 분석

산업의 규모, 매출액, 수익성, 경쟁회사의 매출 및 시장 점유율, 산업의 특성 및 산업의 지표들의 관점에서 객관적으로 분석함.

3단계: 산업의 미래 전망

객관적 지표를 중심으로 산업의 미래 모습을 전망함.

4단계: 대응방안 수립

분석 결과를 기반으로 기회와 위협을 찾아내고 대응전략을 수립함.

〈산업동향 분석〉

<table>
<tr><td rowspan="3">1. 산업의 정의</td><td rowspan="3">세부 영역 및
주요 기업</td><td>산업 영역</td><td>정의</td><td>주요 기업</td></tr>
<tr><td></td><td></td><td></td></tr>
<tr><td></td><td></td><td></td></tr>
<tr><td rowspan="6">2. 산업의 현황</td><td></td><td colspan="3">주요 내용 (객관적 자료)</td></tr>
<tr><td>산업 규모/성장성/수익성</td><td colspan="3"></td></tr>
<tr><td>산업구조와 특성</td><td colspan="3"></td></tr>
<tr><td>경쟁 상황</td><td colspan="3"></td></tr>
<tr><td>주요 기술</td><td colspan="3"></td></tr>
<tr><td>주요 고객</td><td colspan="3"></td></tr>
<tr><td rowspan="5">3. 산업의 미래 전망</td><td></td><td colspan="3">주요 내용 (발전동인, 핵심성공요인, 변화방향)</td></tr>
<tr><td>산업의 성장</td><td colspan="3"></td></tr>
<tr><td>산업의 구조와 특성</td><td colspan="3"></td></tr>
<tr><td>산업의 기술적 변화</td><td colspan="3"></td></tr>
<tr><td>산업의 거시환경 변화</td><td colspan="3"></td></tr>
<tr><td>4. 대응방안 수립</td><td colspan="4"></td></tr>
</table>

TAM, SAM, SOM 시장분석 기법 06

1. 개념

① TAM, SAM, SOM 시장분석 기법은 "산업의 규모는 어느 정도인가?"란 질문에 답을 하는 기법

② TAM, SAM, SOM 시장분석 기법은 신 사업 및 창업을 준비할 때, 시장 규모(Market Size)를 분석하는 방법으로서, 시장을 제품과 서비스를 제공하는 전체 시장 규모(TAM), 제품이나 서비스를 현실적으로 제공하는 시장 규모(SAM), 실제로 제품과 서비스를 확보해서 얻을 수 있는 시장 규모(SOM)으로 분류해서 목표 시장을 보다 명확하게 정의해서 사업의 진출 타당성, 유지, 확장 가능성을 분석하는 기법임.

③ TAM, SAM, SOM 시장분석 기법은 전체 시장 유형을 크게 세 종류로 분류해서 분석함.

- TAM((Total Available Market) : 제품이나 서비스를 제공하는 전체시장을 의미함. 목표 시장이 최대로 성장했을 경우의 사업 규모를 가늠해 볼 수 있는 근거가 됨. 산업 또는 사업의 전체 시장을 대상으로 하기에 비교적 공개된 자료가 많아 시장의 규모 파악이 용이함.
- SAM (Serviceable Available Market) : 실제로 제품이나 서비스를 현실적으로 제공해서 달성할 수 있는 시장 전체로서, 경쟁자와 함께 만들어가는 시장 규모. TAM 내에서 기업이 보유하고 있는 기술 및 서비스, 비즈니스 모델을 통해서 달성할 수 있는 총 시장 규모를 의미함.
- SOM(Serviceable Obtainable Market : 실제로 제품이나 서비스를 개발, 생산, 유통해서 얻을 수 있는 현실적인 수익 시장 규모를 의미함. SAM 내에서 유효시장 내에서 초기 단계에 확보 가능한 시장 규모를 의미하며 초기에 실제 제품을 사줄 수 있는 고객의 수를 파악하는 것으로 SAM의 목표고객 중 명확한 마케팅 계획과 유통경로를 확보한 숫자를 의미함.

〈TAM, SAM, SOM 시장분석 기법의 Framework〉

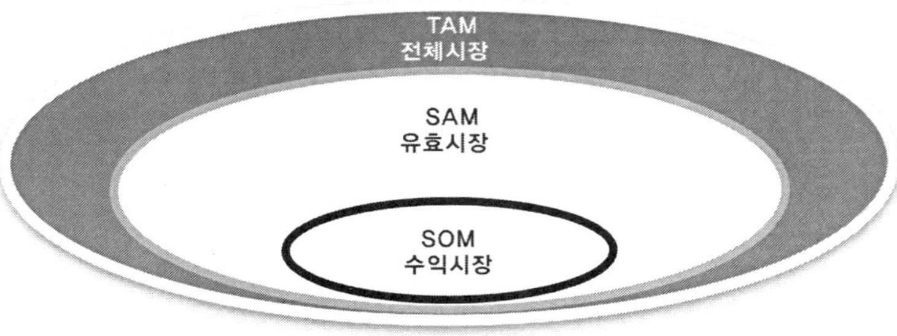

2. 사례

1. 본 사례는 TAM, SAM, SOM 시장분석 기법을 활용해 국내 하이엔드 스킨케어 시장을 분석한 사례임.
2. 분석 결과

- 전체시장 TAM(Total Available Market) : 전체 스킨케어 시장 규모는 총 1.2조 정도로 추정함.
- 유효시장 SAM(Serviceable Available Market) : 하이엔드 스킨케어 시장은 1,800억 정도로 추정함.
- 수익시장 SOM(Serviceable Obtainable Market) : 제품 군, 진출하고자 하는 지역, 유통채널 등을 고려할 때 약 600억 시장으로 추정함.

〈TAM, SAM, SOM 시장분석 기법〉

시장 구분	정의	시장 규모	시사점
TAM(Total Available Market)	전체 시장의 규모 / 수	• 목표 고객: 2,000만명 • 년 2회 구매: 30,000원 • 총 시장 규모: 1.2조	1. 전체적으로 시장규모는 1.2조로 큰 시장임.
SAM(Serviceable Available Market)	현재 기술 및 서비스로 취득할 수 있는 최대 목표 시장	• 하이엔드 목표 고객: 500만명 • 년 2회 구매: 30,000원 • 총 시장 규모: 3,000억	2. 그러나 하이엔드 스킨케어 시장은 그리 크지 않음.
SOM(Serviceable Obtainable Market)	현재 보유하고 있는 기술 및 서비스, 자본, 유통 채널 등으로 취득할 수 있는 실현 가능한 시장	• 하이엔드 목표 고객: 100만명 • 년 2회 구매: 30,000원 • 총 시장 규모: 600억	3. 특히 수익시장의 규모는 600억 정도로서, 초기 투자비 대비 수익성이 낮아 보임.

3. 적용 방법

1단계: TAM 분석

전체 시장의 규모를 분석

2단계: SAM 분석

현재 기술 및 서비스로 취득할 수 있는 최대 시장 규모를 분석

3단계: SOM 분석

현재 보유하고 있는 기술 및 서비스, 자본, 유통 채널 등으로 취득할 수 있는 실현 가능한 시장 규모를 분석

4단계

TAM, SAM, SOM 분석을 기반으로 시장 규모를 추정한 후 시사점을 도출하고, 전체적인 전략을 검토함.

〈TAM, SAM, SOM 시장분석 기법〉

시장 구분	정의	시장 규모	시사점
TAM (Total Available Market)	전체 시장의 규모 / 수		1.
SAM (Serviceable Available Market)	현재 기술 및 서비스로 취득할 수 있는 최대 목표 시장		2.
SOM (Serviceable Obtainable Market)	현재 보유하고 있는 기술 및 서비스, 자본, 유통 채널 등으로 취득할 수 있는 실현 가능한 시장		3.

전략집단 분석기법 07

1. 개념

① 전략집단 분석기법은 "산업 내 주요 경쟁사들은 어떤 특성을 가지고 있는가?"라는 질문에 답을 하는 기법임.

산업 내 기업들을 경쟁변수에 따라 여러 집단으로 분류하여 집단 내 경쟁자들의 특성과 경쟁력의 원천을 분석하고, 집단 간의 이동 장벽을 분석하는 기법으로서 'Strategic Group Analysis'라고 함.

② 전략집단 분석은 핵심 전략 변수를 기준으로 주요 경쟁사를 전략집단으로 분류하고, 각 집단의 특성과 경쟁력 원천을 분석한 다음에, 다른 집단으로 이동하는 데 필요한 이동 장벽을 찾아내야 함.

- **핵심 전략 변수** : 가격, 품질 등 전략적 포지션을 통해 경쟁사를 분류할 수 있는 변수
- **전략집단** : 동일 산업 내 서로 유사한 특징을 갖지만 경쟁전략에 있어서의 하나 또는 그 이상의 주요 요소의 차이로 인해서 여타 산업집단과 차이가 나는 일련의 기업집단
- **이동 장벽** : 한 집단에서 다른 집단으로 이동하는 데 필요한 조건이나 장애물로서 특정 전략집단 내의 기업이 다른 전략집단의 기업과 경쟁하지 못하게 만드는 요인

〈전략집단 분석기법의 Framework〉

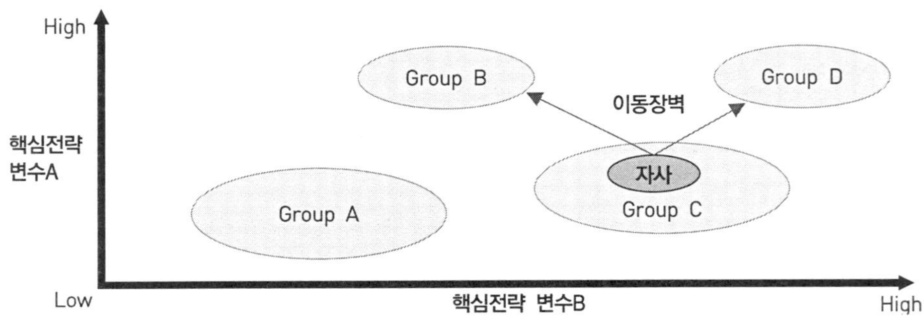

2. 사례

1. 유제품 산업의 경쟁사를 전략집단 분석으로 분석한 사례임.
2. 경쟁사를 분석하기 위한 경쟁 변수를 우유를 판매할 수 있는 유통 범위(지역적 Coverage)와 다양한 종류의 신제품을 개발할 수 있는 유제품의 확장 능력 등 두 개의 변수를 선정하였음. 이 두 개의 변수에 의해서 국내 유제품 산업의 주요 경쟁사들이 네 집단으로 분류되었음. 이를 기반으로 지역적으로 확장할 것인지, 혹은 제품을 확장할 것인지를 검토하다가 제품을 확장해서 경쟁하기로 하였음.

유제품 산업의 전략집단 분석

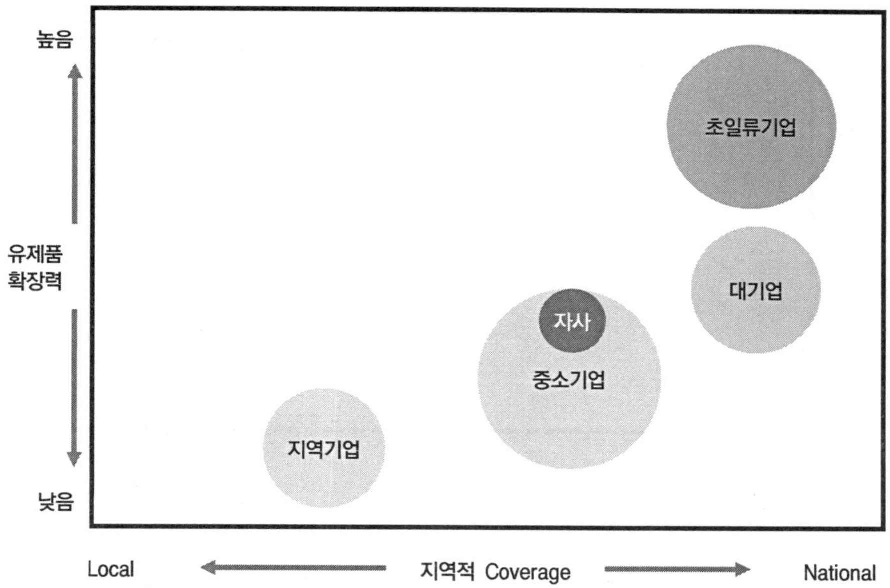

3. 적용 방법

1단계: 전략집단 정의

산업 내 참가 기업들을 구분할 수 있는 핵심 전략 변수를 선정한 후, 참가 기업들의 전략적 위치를 분석하여 전략집단을 정의함.

2단계: 전략집단의 특성 분석

분류된 전략집단들의 특성과 경쟁전략 및 전략집단 간의 이동장벽을 분석함.

3단계: 시사점 도출

산업 내 경쟁 구도에 대한 분석결과를 기반으로 전략적 시사점을 도출함.

〈전략집단 분석〉

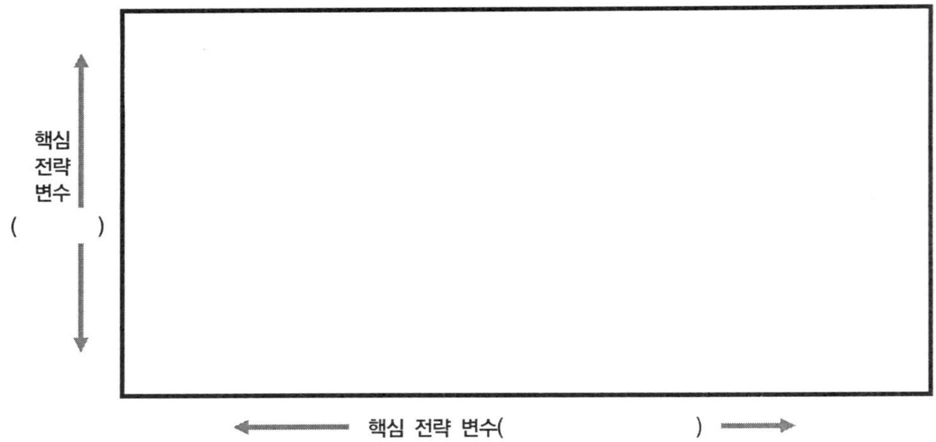

〈시사점〉

1.

2.

3.

360도 레이더스크린 분석기법 08

1. 개념

① 360도 레이더스크린 분석기법은 "산업 내외의 주요 경쟁자 및 잠재적 경쟁자는 누구인가?"라는 질문에 답을 하는 기법임. 기존의 주요 경쟁사뿐만 아니라 신규 진입이 가능한 잠재적 경쟁사들을 찾아내고, 경쟁업체들의 경쟁 강도 및 경쟁전략을 파악해서, 기회와 위협을 분석하여 경쟁전략을 수립하는 대표적인 경쟁사 분석기법임.

② 360도 레이더스크린 분석은 두 개의 경쟁 기준을 기반으로, 현재 시점에서의 경쟁자와 잠재적 경쟁자까지 분석하는 방법임.

- **주요 경쟁자** : 산업 내에서 현재 자사와 경쟁하고 있는 업체들로서 360도 레이더스크린 상에서 자사와의 위치가 가까울수록 치열하게 경쟁하고 있는 경쟁사로 분류됨.
- **잠재적 경쟁자** : 자사와의 경쟁이 치열하지 않지만 향후 자사의 제품과 서비스에 대해서 경쟁구도를 형성할 수 있는 잠재된 경쟁업체들을 의미함.

〈360도 레이더스크린 분석기법의 Framework〉

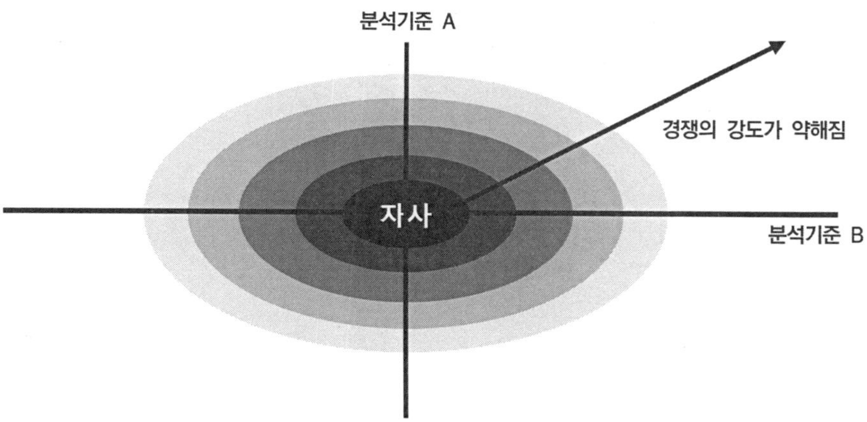

2. 사례

1. 360도 레이더스크린 기법으로 주요 경쟁사와 잠재적 경쟁사 관점에서 대학 산업의 경쟁사를 분석한 사례임.
2. 먼저 목표고객의 특성과 서비스 영역 두 축으로 설정하고, 경쟁사를 분석하기 위한 기준으로 설정하였음. 가장 가깝게 경쟁하고 있는 경쟁사들은 국내 4년제 대학, 2년제 대학으로 첫 번째 원 안에 포함하였음. 두 번째 원 안에 포함될 수 있는 경쟁사들은 외국에 있는 대학교, 온라인 대학교, 방송 통신 대학교들임. 세 번째 원 안에 포함될 수 있는 경쟁사들은 산업 교육기관, 어학원, 이러닝 교육기관 등임. 따라서 향후 대학의 경쟁사는 3년제 대학뿐만 아니라 사이버 대학, 산업교육 기관들도 될 수 있기 때문에 이들의 움직임을 분석하고 대비할 필요가 있음.

〈대학 산업의 경쟁범위〉

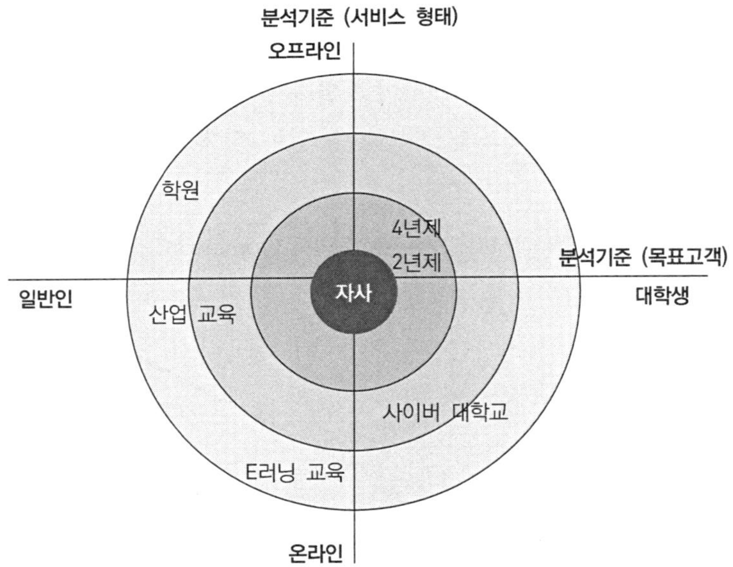

3. 적용 방법

1단계: 분석기준 설정

산업 내 참가 기업들을 분류할 수 있는 두 개의 기준을 설정하여 기업들을 분류함.

2단계: 경쟁강도 분석

중앙에 위치한 자사를 기준으로 경쟁의 강도를 분석하여 주요 경쟁자와 잠재적 경쟁자를 찾아냄.

3단계: 대응방안 수립

주요 경쟁자와 잠재적 경쟁자들에 대한 대응방안을 수립함.

〈360도 레이더스크린〉

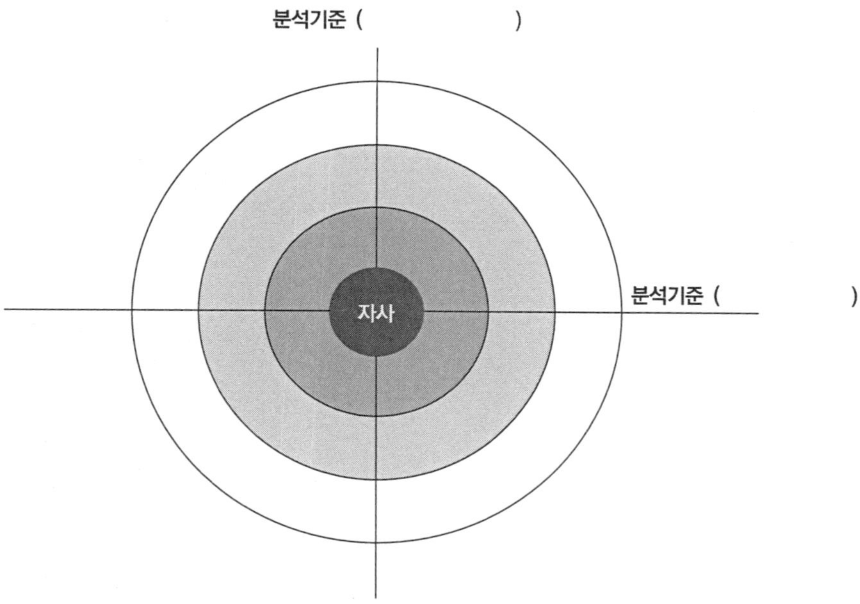

	주요 경쟁자	잠재적 경쟁자
1		
2		
3		
4		
대응방안		

경쟁사 Iecberg 기법 09

1. 개념

① 경쟁사 Iceberg 기법은 “산업 내 주요 경쟁사의 특징은 무엇인가?”라는 질문에 답을 하는 기법

② 경쟁사 Iceberg 기법은 경쟁사를 분석할 때는 눈에 보이는 가시적 부분뿐 아니라 가시적인 차이가 나타날 수 있었던 수면 아래의 부분까지도 고려해야 함을 나타내는 기법임. 경쟁사의 경영 성과, 성장 전략, 사업 영역과 같은 가시적인 차이에서만 분석하는 것이 아니라 자원, 핵심 역량, 조직 운영, 전략적 의도 등 비가시적인 차이에서도 경쟁사를 분석해서 대응전략을 수립할 때 매우 유용함.

③ 경쟁사 Iceberg 기법은 2가지 관점에서 경쟁사를 분석함.

- 가시적 차이 : 경영 성과, 시장 전략, 사업 영역 등
- 비가시적 차이 : 자원, 핵심 역량, 조직 운영, 전략적 의도 등

〈경쟁사 Iceberg 기법의 Framework〉

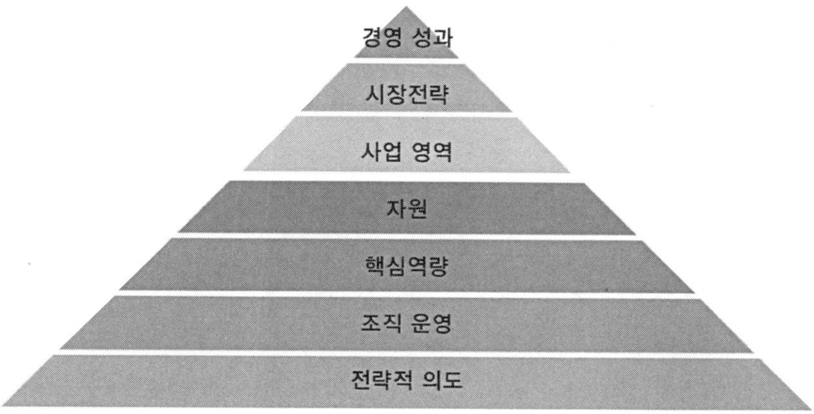

2. 사례

1. 기업 교육 회사 중 빠르게 성장하고 있는 주요 경쟁사인 ○○○ 기업을 가시적 요인과 비가시적 요인을 분석한 사례임.
2. 분석 결과, 이 기업은 기업교육시장에서 가장 경쟁력 있는 회사로 성장할 것으로 보여짐.

<table>
<tr><th></th><th>내용</th><th>시사점</th></tr>
<tr><td>경영 성과</td><td>• 매출액 700억
• 당기순이익 67억
• 매출 성장률 10%</td><td rowspan="7">1. 경영 성과 뛰어남.
2. 시장에서 주요 Player로 성장 중임.
3. 콘텐츠 중심의 전략을 시도하고 있음.
4. 전체적으로 경영진이 우수함.
5. 조직 운영 능력이 뛰어나고 조직 문화가 우수함.
6. AI 기반 및 콘텐츠 중심의 사업으로 차별화하고 있음.</td></tr>
<tr><td>시장 전략</td><td>• 어학 교육 시장
• 해외 주재원 교육 시장
• 리더십 교육 시장
• 콘텐츠 및 플랫폼 중심의 전략</td></tr>
<tr><td>사업 영역</td><td>• 집합 교육
• 온라인 교육
• 하이브리드 교육</td></tr>
<tr><td>경영 자원</td><td>• 전체 인원 112명
• 현금 유동성 우수</td></tr>
<tr><td>핵심 역량</td><td>• 경영진 역량, 콘텐츠 개발 역량, 과정 개발 및 운영 역량, 마케팅 역량</td></tr>
<tr><td>조직 운영</td><td>• 콘텐츠 연구소, 교육, 디지털 개발, 경영 및 사업, 외부 협력업체</td></tr>
<tr><td>전략적 의도</td><td>• AI 기반의 솔루션 개발, 해외 시장 진출</td></tr>
</table>

3. 적용 방법

1단계 :

분석하고자 하는 경쟁사를 선정함.

2단계 :

각 항목별로 경쟁사를 체계적으로 분석하고, 경쟁사의 비가시적 측면까지 모니터링하면서 정보를 수집하고, 시사점을 도출함.

<table>
<tr><th></th><th>내용</th><th>시사점</th></tr>
<tr><td>경영 성과</td><td></td><td rowspan="7">1.

2.

3.</td></tr>
<tr><td>시장 전략</td><td></td></tr>
<tr><td>사업 영역</td><td></td></tr>
<tr><td>경영 자원</td><td></td></tr>
<tr><td>핵심 역량</td><td></td></tr>
<tr><td>조직 운영</td><td></td></tr>
<tr><td>전략적 의도</td><td></td></tr>
</table>

미래 수레바퀴 분석기법 10

1. 개념

① 미래 수레바퀴 분석기법은 "산업에 주요 이슈들이 발생했을 때 어떤 일들이 추가적으로 일어나는가?"라는 질문에 답을 하는 기법임.

산업의 구조 및 기업에 영향을 주는 중요한 주요 이슈들이 발생했을 때 일어날 수 있는 결과와 영향들을 분석해서 산업 변화 및 전략 수립에 활용하는 미래예측 방법임. 자사와 관계된 비즈니스 환경의 변화를 체계적으로 분석해서 발생하는 문제와 기회를 분석해서 성장 동력을 발굴하고, 신기술 및 제품을 개발하는 방안을 수립할 수 있음.

② 미래 수레바퀴 분석기법은 산업에 큰 영향을 주는 주요 이슈를 찾아내고, 이들 요인들에 의해서 일어날 수 있는 1차 영향 요인, 2차 영향 요인을 순차적으로 찾아내서 이들 관계를 그림으로 표현하는 형태로 진행함.

- 주요 이슈 : 고령화, 출산율 저하 등 현재나 미래의 비즈니스에 영향을 줄 수 있는 주요 현상
- 1차 영향 요인 : 고객군의 변화, 노동력 감소 등 주요 이슈로 인해 파생되는 직접적인 영향 요인
- 2차 영향 요인 : 새로운 고객 니즈, 비즈니스 모델 등장 등과 같은 1차 영향 요인의 인과관계로서 파생되는 영향 요인

〈미래 수레바퀴 기법의 Framework〉

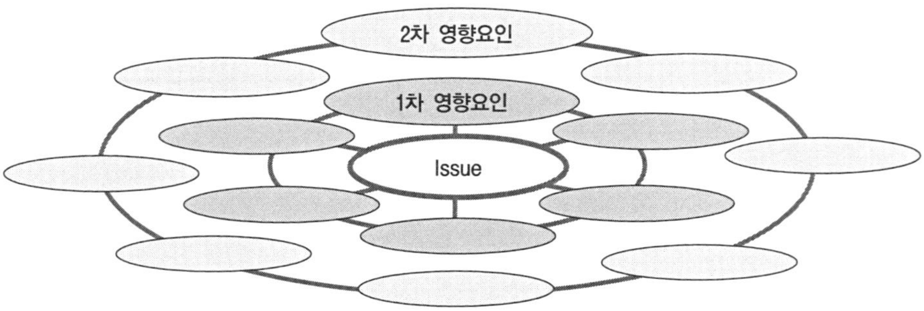

2. 사례

1. 미래 수레바퀴 분석기법으로 COVID-19가 대학에 미치는 영향을 분석한 사례임.
2. 먼저 분석하고자 하는 주요 이슈는 코로나가 지속되는 상황임. 이에 발생할 수 있는 1차 요인들을 찾아 본 결과, 비대면 교육 지속, 낮은 교육 만족도, 학생들 등록 포기 증가, IT 투자 증가, 재정 악화 등의 상황들이 1차적으로 발생할 것으로 예상됨. 그 다음 2차적으로 발생할 수 있는 영향들은 비대면 교육 품질 문제, 취업률 저하, 비용 절감, 교직원 감축, 학과 통폐합, 인문 사회계열 감축, 대학 생존 위협 등의 일들이 2차적으로 발생할 것으로 예상됨. 따라서 가장 큰 문제가 교육 품질 저하에 따른 대학생 등록 포기 현상이 발생하고, 재정이 악화되는 악순환이 발생하기 때문에 교육 품질 향상의 전략이 필요해보임.

〈COVID-19가 대학에 미치는 영향〉

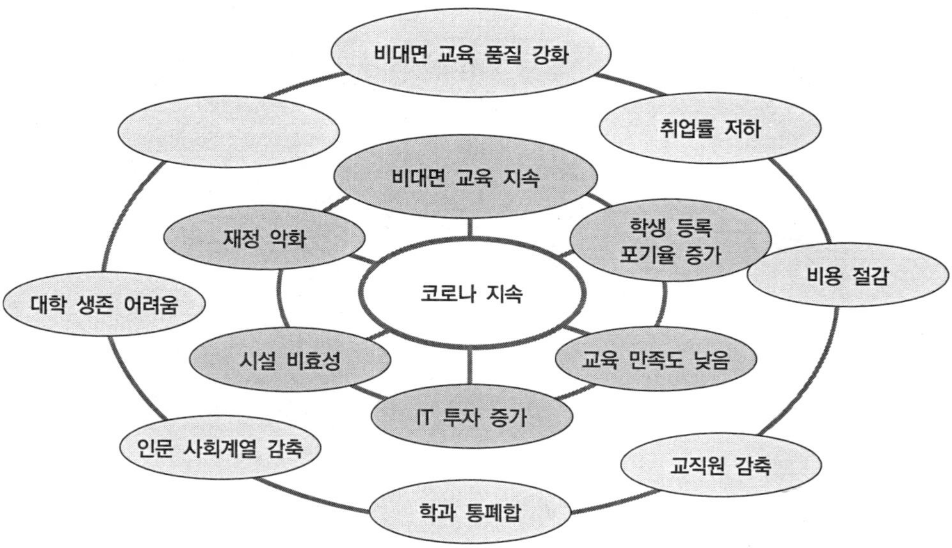

3. 적용 방법

1단계: 비즈니스 이슈 선정

산업에 영향을 주는 사회 트렌드나 비즈니스 관점에서 분석하고자 하는 큰 이슈를 선정함.

2단계: 영향요인 분석

선정한 이슈가 가져다주는 1차적인 영향, 2차적인 영향을 인과관계 관점에서 분석함.

3단계: 시사점 도출

인과관계를 통해서 분석된 다양한 영향요인들을 종합하여 미래에 발생할 수 있는 주요 변화들을 정의하고 비즈니스 관점에서 시사점을 도출함.

〈미래 수레바퀴 분석〉

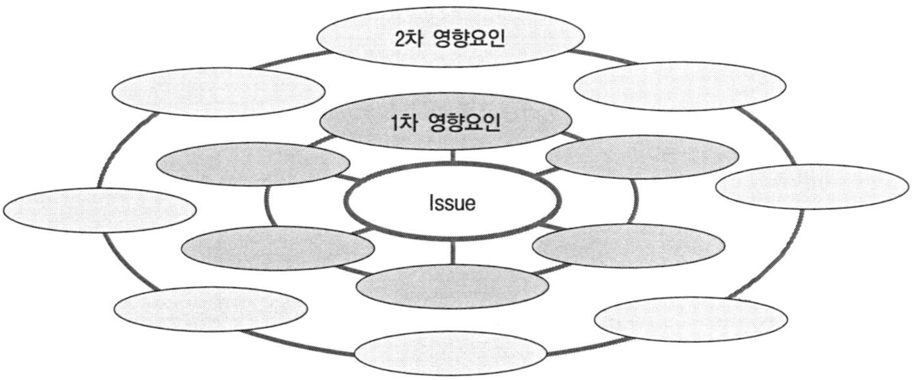

〈시사점〉

1.

2.

3.

11 델파이(Delphi) 분석기법

1. 개념

① 델파이 분석기법은 “산업의 미래 혹은 기술이 어떻게 변화할까?”라는 질문에 답을 하는 기법임.

장기적이고 불확실성이 높은 복잡한 문제에 대해서 전문가들의 설문을 통해 체계적으로 종합하는 직관적 예측 방법으로 산업의 변화 및 미래 변화를 예측하는 중요한 기법임. 전문가들의 직관을 통해 미래를 예측하여 기업에게 위협 혹은 기회가 될 수 있는 요인을 분석하여 경쟁사보다 발 빠른 전략을 제시할 수 있음

② 델파이 분석기법은 익명성 · 통제된 피드백 · 전문가 합의의 특성을 가지고 있음.

- 익명성(anonymity) : 철저하게 응답자의 익명성을 보장하여 외부적인 영향력으로 결론이 왜곡되거나 표현이 제한되는 확률을 최소화
- 통제된 피드백(controlled feedback) : 피드백 과정을 반복하여 주제에 대한 계속적인 관심과 사고를 촉진하고 피드백을 기반으로 이전 의견을 변경할 기회를 제공
- 전문가 합의(expert consensus) : 가장 신뢰할 만한 의견의 공동 합의를 목표로 함.

〈델파이 분석기법의 Framework〉

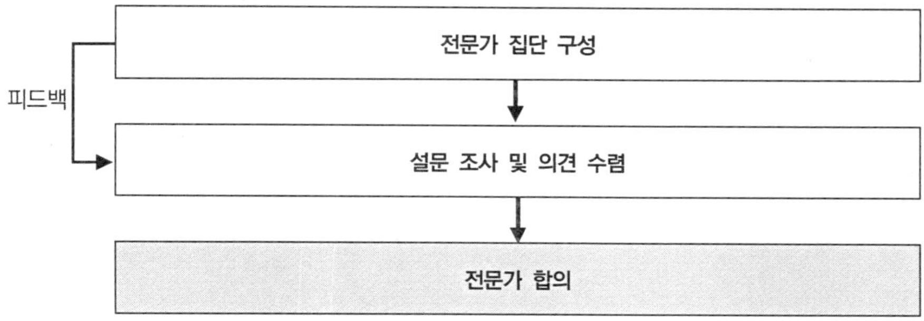

2. 사례

1. 전자 산업에서 미래 10년 후 필요한 기술을 예측하기 위해서 델파이 분석기법을 활용한 사례임.
2. 전자, 생산, 기술 개발, 마케팅, 시장 조사, 소비자, 사회, 문화, 예술, 디자인, 미래학 등의 여러 분야의 전문가들을 모아서 온라인상에서 설문지를 배포함.
   → 이들이 제시한 제품과 기술을 정리한 후 다시 전문가들에게 설문지를 배포해서 제시한 제품과 기술을 기반으로 새로운 아이디어를 부탁함.
   → 제시된 새로운 아이디어들을 빈도수에 따라서 재정리를 함.
   → 세 번째 설문지를 작성해서 각 제품에 대한 중요도를 정해 주기를 요청
   → 각 전문가들이 매긴 중요도를 분석하고 정리.
   → 이를 통해서 신기술에 대한 중요도와 우선순위를 분석해서 신기술 아이디어 구함.

〈델파이 분석〉

단계	주요 내용	분석 결과
전문가 의견조사 1	1. 각 분야의 전문가들에게 설문지 배포 2. 전문가들은 다양한 아이디어를 제시함	1. 전문가들의 아이디어를 1단계 정리 2. 기술 빈도수에 따라서 1차 정리
전문가 의견조사 2	1. 1단계 정리된 기술들을 재배포 2. 전문가들은 정리된 아이디어들의 우선순위를 결정	1. 전문가들의 아이디어를 2단계 정리 2. 제시된 기술들의 우선순위를 정리
의견 합의	1. 전문가들은 제시된 기술들의 우선순위에 따라서 중요도를 결정	1. 전문가들의 의견이 모아진 신기술 발굴

3. 적용 방법

1단계: 전문가 집단 구성

해당 분야의 전문가를 30명에서 최고 100명까지 선정하여 패널을 구성.

2단계: 설문조사 및 의견 수렴

개방형 설문지와 폐쇄형 설문지를 구성하여 수회에 걸쳐 의견을 조사하고 공통된 의견으로 수렴해 나감.

3단계: 시사점 도출

전문가들의 의견을 기반으로 시사점을 도출하고 대응방안을 수립함.

〈델파이 분석〉

단계	주요 내용	분석 결과
전문가 의견조사 1	1. 2. 3.	
전문가 의견조사 2	1. 2. 3.	
의견 합의	1. 2. 3.	

〈시사점〉

1.

2.

3.

산업변화궤도 분석기법 12

1. 개념

① 산업변화궤도 분석기법은 "산업은 어떤 큰 변화를 겪고 있는가?"라는 질문에 답을 하는 기법임.

산업의 핵심 활동(Core Activity)과 핵심 자산(Core Assets)이 위협 받는 유무에 따라서 산업 변화의 방향이 급진적 변화(Radical Change), 중간적 변화(Intermediating Change), 창조적 변화(Creative Change), 점진적 변화(Progressive Change)의 네 가지로 나누어진다고 보고 유형별로 대응방안을 수립하는 기법임.

산업의 변화를 정확하게 분석하지 못하면 경영 전략과 혁신 활동은 의미가 없게 되기 때문에 환경 분석 단계에서 산업의 변화 방향을 정확하게 분석하는 것이 중요함.

- **핵심 활동의 위협** - 산업 내의 기업들이 이익을 만들어내는 핵심 활동들이 새로운 다른 대안들 때문에 고객이나 공급자가 멀어지게 되는 위협을 의미함. 예를 들어 전통적인 유통 산업의 기업들이 온라인이라는 다른 대안 때문에 고객과 공급자들이 멀어짐에 따라서 위협을 받는 것이 대표적 사례임.
- **핵심 자산의 위협** - 산업 내의 기업들을 독특하게 만드는 자원, 지식, 브랜드와 같은 자산들이 과거와 같은 이익을 만들어내지 못하게 되는 위협을 의미함. 예를 들어서 제약 회사들이 개발한 약의 특허가 끝난다든지, 새로운 약이 개발되어서 위협을 받는 것이 대표적 사례임.

② 산업변화궤도 분석은 핵심 활동과 핵심 자산의 위협에 따라서 네 가지 유형으로 분류함.

- **급진적 변화(Radical Change)** : 산업의 핵심 자산과 핵심 활동들이 모두 위협을 받게 되면 산업은 급진적 변화를 겪게 됨.

- 중간적 변화(Intermediating Change) : 중간적 변화는 산업의 핵심 자산은 위협을 받지 않는 반면에 핵심 활동이 진부화됨에 따라서 위협을 받을 때 발생하는 변화
- 창조적 변화(Creative Change) : 세 번째 변화는 산업의 핵심 자산은 위협을 받는 반면에 핵심 활동은 위협을 받지 않을 경우에 나타나는 변화
- 점진적 변화(Progressive Change) : 산업의 핵심 활동과 핵심 자산이 크게 위협을 받지 않은 경우에 산업은 점진적인 변화를 겪게 됨.

〈산업변화궤도 분석기법의 Framework〉

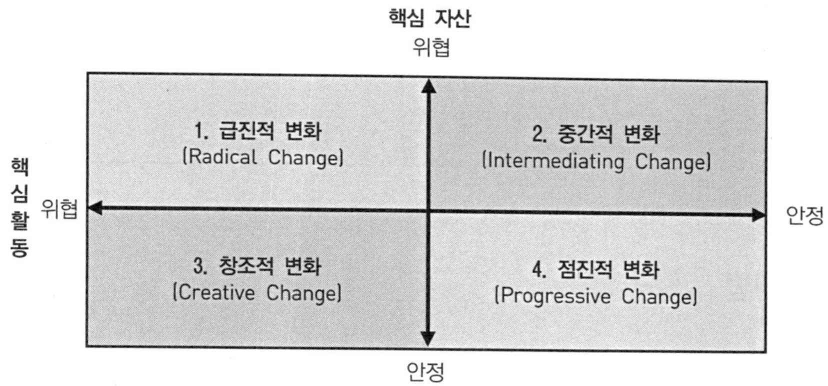

2. 사례

1. 출판산업이 겪고 있는 변화를 산업변화궤도 분석기법으로 분석한 사례임.
2. 출판사업의 핵심 활동은 저자를 발굴하고, 원고를 기획하고, 책으로 편집하고, 책을 유통하는 활동임. 또한 출판 사업의 핵심 자산은 브랜드 파워, 편집능력, 유통능력 등임.

   그러나 산업의 변화로 출판 사업의 핵심 자산인 브랜드 파워, 편집 능력, 유통 능력 모두 위협을 받고 있고, 핵심 활동인 저자 발굴, 편집, 유통 활동 역시 정보통신기술에 의해서 크게 위협을 받는 것으로 나타나고 있음.

   이처럼 출판산업의 핵심 활동과 핵심 자산이 모두 위협을 받고 있기 때문에 출판산업은 급진적 변화를 겪고 있는 것으로 분석할 수 있음. 따라서 급진

적 변화에 대비해서 콘텐츠와 IT 기술이 합쳐진 새로운 형태의 사업을 찾아 보기로 하였음.

〈출판산업변화궤도 분석〉

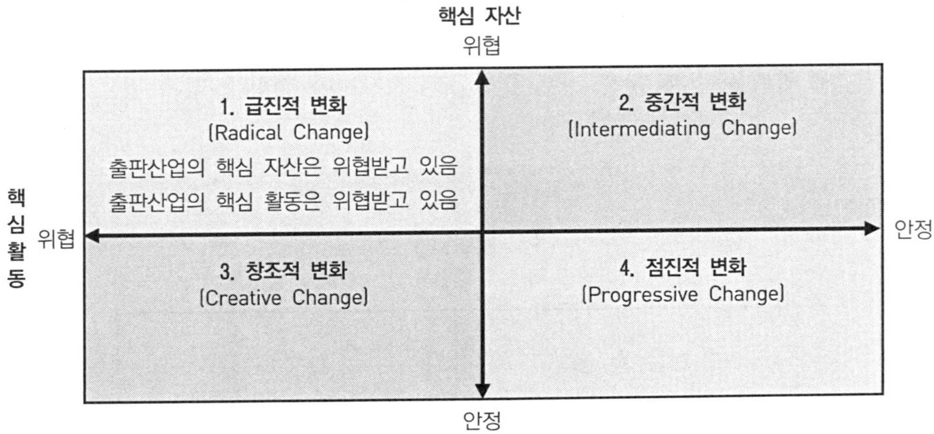

3. 적용 방법

1단계: 산업 핵심 자산 변화 분석

산업 핵심 자산의 변화가 발생하고 있는지를 분석함.

2단계: 산업 핵심 활동 변화 분석

산업 핵심 활동의 변화가 발생하고 있는지를 분석함.

3단계: 산업변화궤도의 유형 분석

핵심 자산과 핵심 활동 변화 유무에 따라 네 가지 유형 중 어디에 해당하는지를 분석함.

4단계: 시사점 도출

산업 궤도 변화 유형에 따른 전략적 시사점을 도출하고 중장기 전략을 수립함.

〈산업변화궤도 분석〉

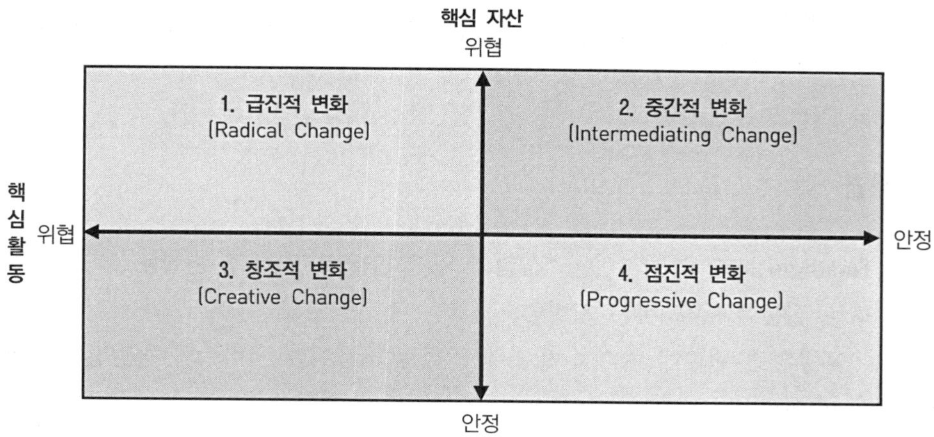

〈시사점〉

1.

2.

3.

Paradigm Shift 분석기법 13

1. 개념

① Paradigm shift 분석기법은 "산업의 기존 판을 바꾸는 큰 변화는 무엇인가?" 라는 질문에 답을 하는 기법임.

외부환경 변화에 따라서 일어나고 있는 제품이나 서비스의 경쟁방식의 변화 속에서 키워드를 찾아보고 새로운 기회와 위협을 찾아보는 기법임.

산업의 큰 변화를 찾아내거나, 기존 제품과 서비스를 개선 혹은 새로운 제품과 서비스를 기획하는 데 유용함.

② Paradigm shift란 산업에서 전혀 다른 방법으로 일하는 방식이나 경쟁하는 방식이 변화하는 것을 의미함. 예를 들어서, 코로나19로 대면을 해왔던 교육이 비대면 교육으로 변화하는 것이 대표적인 paradigm shift라고 볼 수 있음.

〈Paradigm shift 분석기법의 Framework〉

변화의 사례	Before	After	변화의 Keyword	시사점

2. 사례

1. 교육시장의 변화를 Paradigm shift 분석기법을 사용해서 분석한 사례임.
2. 교육시장에서는 두 가지 큰 변화가 일어나고 있음. 먼저 교육 진행 방식이 대면에서 비대면으로 변화하고 있음. 또 다른 변화는 듣는 교육이 아닌 가상 환경 속에서 의사결정 하고 문제를 해결하는 Learn By Doing 형태의 교육이 많아지고 있다는 점임.

따라서 비대면 교육과 시뮬레이션 형태의 교육을 적극적으로 도입하고 교육 품질을 높일 방안을 수립해야 함.

〈Paradigm shift 분석기법〉

변화의 사례	Before	After	변화의 Keyword	시사점
교육 방식	동일 시간대 동일 장소에서 교육	동일 시간대 다른 장소에서 교육	비대면	대학 교육의 비대면화
교육 형태	강사가 강의하는 형태의 교육	가상 상황 속에서 문제를 해결하는 교육	Learn By Doing	시뮬레이션 형태의 교육

3. 적용 방법

1단계: Paradigm 변화 탐색

사회의 큰 변화 속에서 Paradigm이 변할 수 있는 사례를 찾아보고, 과거 방식과 현재 방식을 비교함.

2단계: 변화의 키워드 찾기

변화가 일어나게 된 원인이나 현상 속에서 변화의 키워드를 찾아봄.

3단계: 시사점 도출

변화의 키워드가 주는 시사점을 찾아보고, 새로운 기회와 위협을 발굴함.

〈Paradigm shift 분석기법의 Framework〉

변화의 사례	Before	After	변화의 Keyword	시사점

PART 02

내부역량 분석

[내부역량 분석 경영기법 체계도]

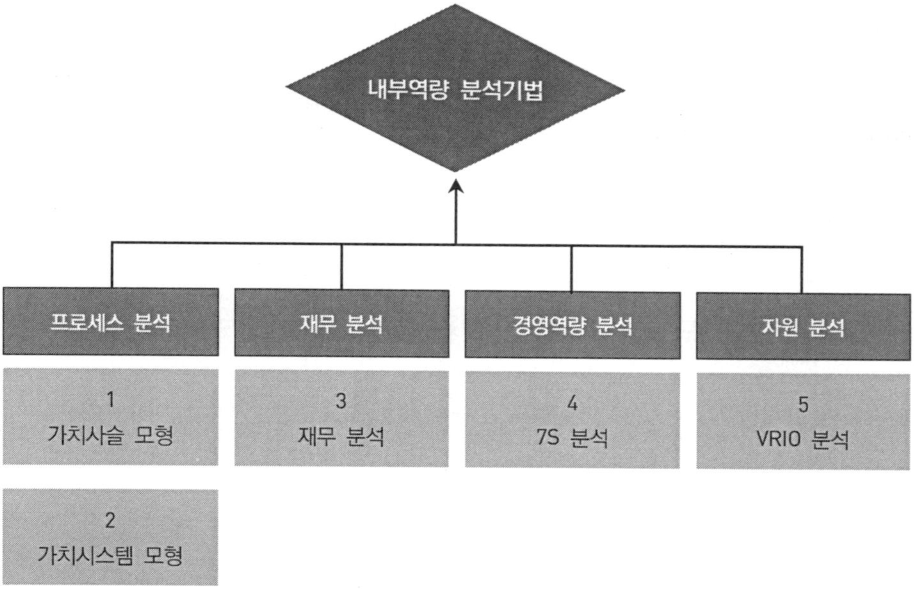

[내부역량 분석 - 5개]

번호		기법	주요 질문
프로세스 분석	1	가치사슬 모형 기법	회사의 가치사슬(내부 경영 활동)에서 강점과 약점은 무엇인가?
	2	가치시스템 모형 기법	회사의 가치시스템(협력사 및 유통채널 시스템)에서 강점과 약점은 무엇인가?
재무 분석	3	재무 분석기법	회사의 재무적 성과 측면에서 강점과 약점은 무엇인가?
경영 역량 분석	4	7S 모형 기법	회사의 무형적 경쟁력 관점에서 강점과 약점은 무엇인가?
자원 분석	5	VRIO 분석기법	회사의 내부 자원 및 역량에서 강점과 약점은 무엇인가?

가치사슬 모형 기법 01

1. 개념

① 가치사슬 모형 기법은 "우리 회사의 가치사슬의 강점과 약점은 무엇인가?"란 질문에 답을 하는 기법임. 가치사슬 모형 기법은 제품과 서비스를 생산, 판매하는 전체 과정을 가치를 창출하는 연속적인 사슬 세부 활동으로 나누고 각 활동의 목표 수준과 실제 성과를 분석하면서 내부 프로세스의 문제점과 개선 방안을 찾아내는 기법으로서 'Value chain analysis'라고 함. 기업의 가치사슬 상의 핵심 활동들의 강점과 약점을 찾아내 변화와 혁신할 수 있는 방안을 찾는 데 활용하고, 가치사슬의 각 활동에 투입되는 원가를 분석하여 경쟁사와 비교해 가면서 원가우위를 위한 전략 수립이 가능함.

② 가치사슬 모형 기법은 기업의 경영 활동을 본원적 활동과 보조 활동으로 나누어 분석함.

- **본원적 활동** : 직접적으로 고객들에게 전달되는 부가가치를 창출하는 활동들로서 물류투입, 생산, 물류 산출, 마케팅 및 영업, 서비스 활동 등이 해당됨.
- **보조 활동** : 직접적으로 부가가치를 창출하지는 않지만 가치를 창출할 수 있도록 지원하는 활동들로서 기업 인프라, 인적자원관리, 기술개발, 구매조달, 회계 재무 등의 활동이 포함됨.

〈가치사슬 모형 기법의 Framework〉

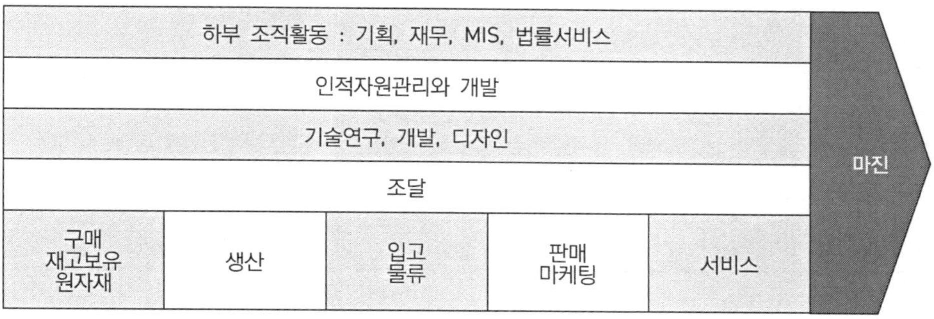

2. 사례

1. 글로벌 프랜차이즈 카페의 가치사슬 모형을 분석한 사례임.
2. 기업의 가치사슬별로 강점과 약점을 분석하여서, 이를 기반으로 개선과 혁신 방안을 찾을 수 있었음.

〈가치사슬〉

가치 활동		강점과 약점	개선 및 혁신 방안
보조활동	기업 인프라	• 모든 매장을 직영 방식으로 운영, 전사 차원의 중앙화된 매장 관리 가능 • 가맹 수익 없음, 매장 관리에 필요한 원가 부담이 집중	• 관리 비용의 절감을 위해 수요 예측 및 발주 시스템 개선 • 비용 절감을 위한 신규 공급처 탐색
	인적자원	• 모든 종업원을 정직원으로 채용, 표준화된 매뉴얼, 철저한 교육 훈련 실시 • 인건비에 대한 부담이 높음, 교육 훈련비 부담이 높음, 탄력적인 인력 운용 불가	• 직원 직무 역량 모델 개발 • 매뉴얼 지속 업데이트
	기술 개발	• 시그니처 메뉴 및 계절 메뉴 개발, 고객 편의 서비스 개발(사이렌 오더 등) • 지속적인 연구개발 비용 부담	• 디지털 트랜스포메이션(DT)를 위한 고객 빅데이터 적극 확보
	구매 조달	• 원두의 생산 및 가공, 유통, 제품 판매를 모두 통합 운영 • 전사 차원의 재고 관리 필요	• 재고관리 프로세스 개선
본원적활동	물류 투입	• 최상급 품질의 원두와 원자재 독점 계약 • 원두 다양화에 제약, 원자재 조달비용 높음	• 원두 다양화를 위한 공급처 확대
	생산 운영	• 표준화된 생산 프로세스와 엄격한 품질 기준 적용 • 전사 차원의 생산 능력 필요, 관리 비용 지속 발생	• 전사 차원의 생산 능력 확대
	물류 산출	• 직영 매장 운영을 통한 물류 프로세스 단순화 • 물류의 일원화로 운영 방식 제한	• 단순화된 물류 시스템을 최대 활용
	마케팅/영업	• 높은 브랜드 가치, 별도의 매체 광고 없음 • 브랜드 가치 유지를 위한 지속 비용 발생	• 끊임없는 연구개발을 통해 새로운 고객 가치 제안 • 경쟁사의 공격적 마케팅에 대응하기 위한 광고 선전 실행
	서비스	• 개인화 서비스, 사이렌 오더, 고객 호명 등 • 종업원 피로도 높음, 전문성 필요	• 서비스 품질 지속 개선으로 더 높은 고객 가치 달성

3. 적용 방법

1단계: 가치사슬별 기업 활동 분류

본원적 활동과 보조활동별로 관리하고 있는 기업 활동을 분류함.

2단계: 강점과 약점 분석

각 활동별로 강점과 약점을 찾아냄.

3단계: 개선 및 혁신 방안 수립

결과를 토대로 가치사슬 내의 문제점과 이에 대한 개선 및 혁신 방안을 수립함.

〈가치사슬〉

가치 활동		강점과 약점	개선 및 혁신 방안
보조활동	기업 인프라		
	인적자원		
	기술 개발		
	구매 조달		
본원적활동	물류 투입		
	생산 운영		
	물류 산출		
	마케팅/영업		
	서비스		

가치시스템 모형 기법 02

1. 개념

① 가치시스템 모형은 "우리 회사와 관련한 전방 및 후방 시스템의 강점과 약점은 무엇인가?"란 질문에 답을 하는 기법임.

기업의 경영 활동은 기업 내부만의 가치사슬뿐만 아니라 공급자와 고객(유통・구매자)의 가치사슬 모두가 연결된 보다 큰 가치시스템에 의해서 영향을 받기 때문에 전체 가치시스템의 강점과 약점을 분석하는 기법으로서 가치시스템(Value systems)이라고 함.

자사 경영 활동에 연계된 전방 공급자에서 후방 고객까지의 강점과 약점을 분석하여 개선 및 혁신 방안을 수립하고, 경쟁사에 비해 차별화될 수 있는 전략을 수립할 수 있음.

② 가치시스템 모형 기법은 크게 원자재와 부품을 공급받는 upstream, 회사의 value chain, 고객에게 전달되는 downstream 활동을 종합적으로 분석함.

- Upstream : 전방 공급자로서 원자재나 부품을 공급하는 활동을 수행함.
- Firm : 가치시스템 내의 중앙에 위치하여 주요 생산 및 서비스 활동을 수행함.
- Downstream : 가치시스템에서 후방에 위치하며 고객에게 제품과 서비스가 전달되는 활동을 수행함.

〈가치시스템 모형 기법의 Framework〉

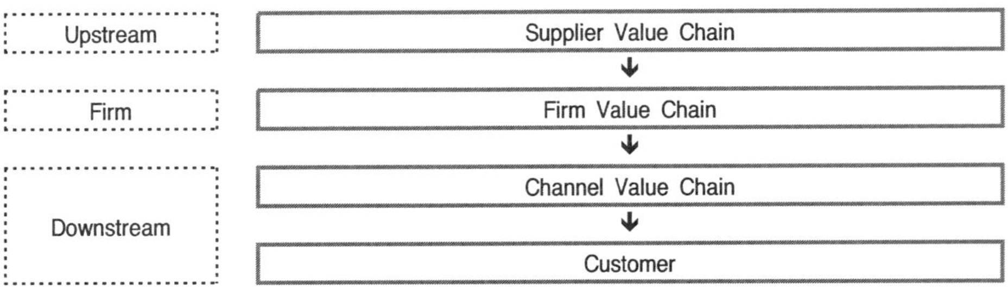

2. 사례

1. 글로벌 프랜차이즈 카페의 가치시스템을 분석한 사례임.
2. 기업뿐만 아니라 전방 및 후방 가치시스템의 강점과 약점을 분석해서, 이를 보완할 수 있는 방안을 찾을 수 있었음.

〈프랜차이즈 카페의 가치시스템 모형〉

가치 시스템 단계	주요 활동	강점과 약점	개선 및 혁신방안
1. Supplier	생산 및 원재료 조달	1. 고급 원재료를 통한 제품 경쟁력 2. 전담 공급사 계약 방식 3. 표준화된 생산 프로세스 4. 관리 비용의 지속적인 발생	1. 관리 비용의 절감을 위해 수요 예측 및 발주 시스템 개선 2. 비용 절감을 위한 신규 공급처 탐색
2. Firm	인적자원 관리 브랜드 구축 및 마케팅 연구개발	1. 모든 종업원을 정직원 채용 2. 철저한 교육훈련으로 생산성 향상 3. 시그니처 메뉴 및 계절 메뉴 제공 4. 디지털 트랜스포메이션(DT)을 통한 혁신 5. 지속적인 연구개발 비용 발생 6. 인건비에 대한 부담이 높음	1. 정규 인력을 통한 고객 만족을 위해 차별화 서비스 제공 2. 끊임없는 연구개발을 통해 새로운 고객 가치 제안 3. 경쟁사의 공격적 마케팅에 대응하기 위한 광고선전 실행
3. Channel	매장 계약 및 운영 제휴 채널 관리	1. 제휴를 통한 브랜드 굿즈 생산 / 판매 2. 임대인과의 직접 계약을 통해 매장 확장 3. 본사 슈퍼바이저 파견을 통해 밀착 관리	1. 다방면의 제휴 채널 확대
4. Customer	고객 서비스	1. 개인화 서비스, 사이렌오더, 고객 호명, 프리퀀시 리워드 제도 등 2. 종업원 피로도 높음, 전문성 필요	1. 직원 불만 Voice 청취 및 적극적 개선 2. 고객 만족 최우선

3. 적용 방법

자사가 속한 산업의 활동을 분석하여 경영활동에 영향을 줄 수 있는 전방 공급자와 후방 고객을 정의하고 각 활동들을 분석하여 문제점과 차별화 방안을 도출함.

1단계: 가치시스템 정의

자사가 속한 산업의 구조를 분석하여 가치시스템을 정의함.

2단계: 전방 및 후방 활동 분석

가치시스템의 전방 및 후방의 활동들을 정의함.

3단계: 경쟁업체와 비교 분석

경쟁업체와의 비교를 통해 각 활동의 강점과 약점을 분석함.

4단계: 개선과 혁신 방안

강점과 약점을 토대로 개선 및 차별화 방안을 수립하고 시사점을 도출함.

〈가치시스템 모형〉

가치 시스템 단계	주요 활동	강점과 약점	개선 및 혁신방안

〈시사점〉

1.

2.

3.

재무 분석기법 03

1. 개념

① 재무 분석기법은 "재무적 성과 측면에서 우리 회사의 강점과 약점은 무엇인가?"란 질문에 답을 하는 기법임.

자사의 재무적 성과 및 자원을 분석하고, 경쟁사 및 산업 평균과 비교하면서 강점과 약점을 분석하여 경영 전략을 수립하는 기본적인 분석기법임.

② 재무 분석기법은 기초 재무제표 및 재무비율 분석, 경쟁사 비교 분석, 산업평균 비교 분석을 통해서 수행함.

- **기초 재무제표 및 재무비율 분석** : 손익계산서 · 재무상태표 · 현금흐름표와 같은 기초 재무제표를 기반으로 안정성 · 수익성 · 활동성 · 유동성 등 주요 성과와 재무비율을 분석하는 것을 의미함.
- **경쟁사 비교 분석** : 핵심 재무 지표들을 주요 경쟁사들과 비교 분석하면서 재무적 관점의 자사 경쟁력을 분석하는 것을 의미함.
- **산업평균 비교 분석** : 산업 평균 매출액, 평균 영업이익률 등의 지표를 활용하여 산업 내에서 자사의 성과 창출 능력과 수준을 분석하는 것을 의미함.

〈재무 분석의 Framework〉

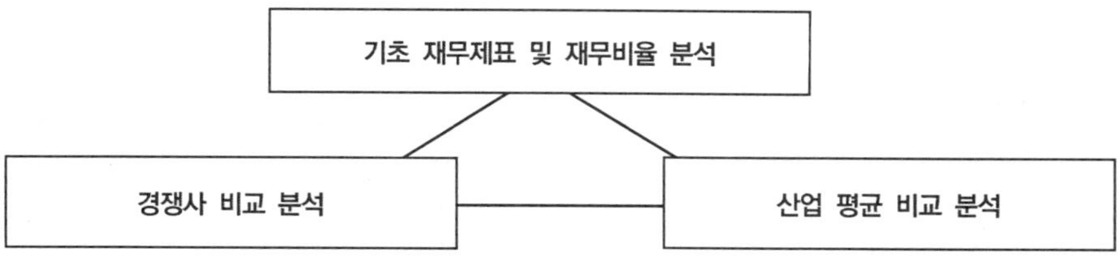

2. 사례

1. 본 사례는 한 제조회사의 재무분석을 통해 자사와 관련 산업의 데이터를 분석한 것임.
2. 재무상태표와 포괄손익계산서를 통해 자사의 재무 및 손익 구조, 자사 성과를 확인함.
3. 재무비율 분석을 통해 수익성, 안전성, 활동성, 유동성 등의 관점에서 분석하였음. 이 같은 분석을 통해서 자사의 재무 상태를 분석할 수 있었고, 산업 평균 및 경쟁사와 비교할 수 있었음

〈국내 제조회사의 재무분석 예시〉

핵심 재무지표	자사 성과	경쟁사 성과	산업평균
매출액	75,592	93,665	86,625
영업이익	2,708	2,856	2,645
당기순이익	2,071	2,334	1,992
자산총계	43,363	84,883	96,250
부채총계	33,587	45,382	65,322
자본총계	9,776	39,501	30,928
매출액이익률 =이익/매출 (수익성)	2.7	2.4	2.3
부채비율 =부채/자기자본 (안정성)	343.6	184.9	138.0
총자산회전율 =매출액/자산총계(활동성)	1.7	1.1	0.9

3. 적용 방법

1단계: 핵심 재무지표 분석

기초 재무제표를 활용하여 매출·이익·원가 등에 관한 핵심 재무지표를 도출하여 자사의 성과를 확인함.

2단계: 경쟁사 및 산업 평균 비교

핵심 재무지표를 중심으로 경쟁사 및 산업 평균과 비교하여 자사 성과의 상대적 달성 정도를 파악함.

3단계: 시사점 도출

재무 분석 결과를 기반으로 자사의 강점과 약점을 찾아내고, 시사점을 도출함.

〈국내 제조회사의 재무분석 예시〉

핵심 재무지표	자사 성과	경쟁사 성과	산업평균

〈시사점〉

1.

2.

3.

7S 모형 기법 04

1. 개념

① 7S 모형 기법은 "우리 회사의 무형적 경쟁력 관점에서 강점과 약점은 무엇인가?"란 질문에 답을 하는 기법임.

재무적인 관점이 아닌 기업의 무형적 경쟁력 7개 요인인 전략, 공유가치, 관리능력, 조직구조, 인적자원, 제도, 리더십 요인을 중심으로 강점과 약점을 분석해서 체계적으로 진단 및 경쟁력을 평가하고, 조직의 경쟁력을 강화할 수 있는 방안을 영역별로 전사적 관점에서 수립함.

② 7S 모형 기법은 조직의 무형적 역량을 7개 영역으로 나누어서 분석함.

- 전략(Strategy) : 기업의 목표 달성을 위해 기업의 한정된 자원을 효과적으로 배치한 계획
- 공유가치(Shared Value) : 조직 구성원들이 함께 공유하고 있는 가치관과 이념
- 관리능력(Skills) : 기업 또는 조직 구성원 개인이 가지고 있는 핵심 역량
- 조직구조(Structure) : 조직의 하부 단위가 상호 연결되어 있는 방식
- 인적자원(Staff) : 조직의 인력 구성과 구성원들의 능력, 전문성, 신념, 욕구와 동기, 행태 등
- 제도(Systems) : 기업 내 업무 수행과 관련된 모든 절차 및 프로세스
- 리더십(Style) : 경영자의 관리 방식, 기업 목표를 달성하기 위해 행동하는 방법 및 조직문화

〈7S 모형의 Framework〉

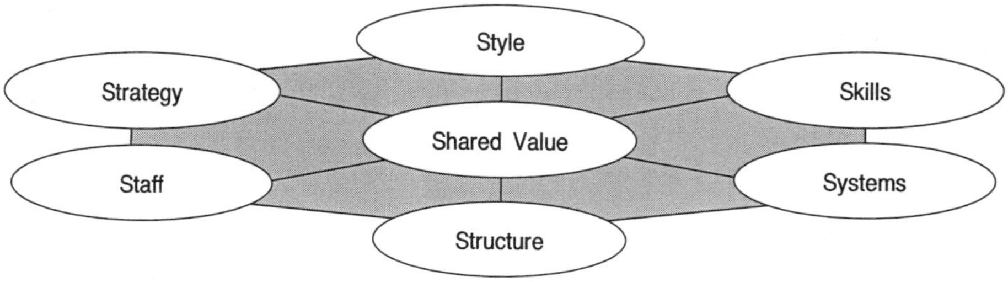

2. 사례

1. 7S 모형 기법을 통해 글로벌 IT 기업의 내부역량을 분석한 사례임.
2. 7S 모형 기법을 활용해 기업의 무형적 경쟁력을 체계적으로 분석하며 강점과 약점을 찾아낼 수 있고, 이를 기반으로 개선점을 도출할 수 있음.

경쟁 요소	주요 내용	강점과 약점
1. 전략 (Strategy)	• 브랜드 고급화를 통한 충성 고객 확보 및 유지	• 독보적인 브랜드 구축 • 지나친 폐쇄성
2. 공유가치 (Shared value)	• 다르게 생각하라 • 디테일에 대한 집중	• 완벽한 기업 가치를 제시 • 제품 중심의 편향적 성장
3. 관리 능력 (Skills)	• 전문성을 기반으로 한 협력 문화	• 협력을 통한 최고의 조직 시너지 • 원활한 협력을 위한 조직문화와 프로세스 필요
4. 조직 구조 (Structure)	• 하나의 손익체계, 기능별 조직체계	• 기능을 중심으로 전문 지식 관리 • 빠른 사업 다각화의 어려움
5. 인적자원 (Staff)	• 세계 최고의 전문성을 갖춘 인재	• 탁월한 업무 성과 • 편향된 의사결정
6. 제도 (Systems)	• 혁신을 위한 20% 타임오프 및 인센티브 제도	• 자발적으로 새로운 혁신을 도출 • 새로운 시도를 격려 • 업무의 과중
7. 리더십 (Style)	• 업무에 대한 개입 정도와 전문지식 여부에 따른 재량적 리더십	• 조직 내 Value Chain별 성과 극대화 • 재량적 성과 향상을 위한 구성원의 자발적 동기부여 필요

3. 적용 방법

1단계: 7S 주요 내용 분석

전략, 공유가치, 관리능력, 조직 구조, 인적자원, 제도, 리더십 항목별 주요 내용을 분석함.

2단계: 강점과 약점 분석

분석된 각 항목별로 강점과 약점을 도출 및 분석함.

3단계: 시사점 도출

7S의 주요 내용 및 강점과 약점 분석을 기반으로 조직의 경쟁력 강화 관점에서 시사점을 도출함.

〈7S분석〉

경쟁 요소	주요 내용	강점과 약점
1. 전략		
2. 공유가치		
3. 관리 능력		
4. 조직 구조		
5. 인적자원		
6. 제도		
7. 리더십		

〈시사점〉

1.

2.

3.

VRIO 분석기법 05

1. 개념

① VRIO 분석기법은 "우리의 내부 자원 및 역량의 강점과 약점은 무엇인가?"란 질문에 답을 하는 기법임.

자원기반관점(Resource-Based View)에서 기업이 보유한 모든 자원과 능력을 분석하고 이 자원과 능력이 경쟁우위를 창출할 수 있는 잠재력에 대해 분석하는 방법임. 기업이 보유한 내부 역량과 자원을 종합적으로 평가하여 핵심적으로 관리해야 할 자원을 도출할 수 있을 뿐만 아니라 자사의 핵심자원을 활용하여 산업 내에서의 경쟁적 우위를 창출할 수 있고, 고객에게 차별화된 가치 제안을 가능하게 함.

② VRIO 분석기법은 기업의 자원 및 경쟁력을 4개 관점에서 분석함.

- Value(가치) : 기업으로 하여금 환경적 기회를 이용하거나 환경적 위협을 중화시키도록 하는 자원은 무엇인가?
- Rarity(희소성) : 어떤 자원이 소수의 기업에 의해서만 소유되고 있는가?
- Imitability(모방가능성) : 어떤 자원을 소유하고 있지 않은 기업이 그 자원을 획득하고자 할 때 원가 열위를 가지는가?
- Organization(조직) : 어느 기업의 정책과 프로세스가 가치 있고 희소하며 모방하기 힘든 자원을 이용하기 위해 조직되어 있는가?

〈VRIO 분석의 Framework〉

Resource-Based View

Value (가치)	Rarity (희소성)
Imitability (모방가능성)	Organization (조직)

2. 사례

1. VRIO 분석을 사용하여 '온라인 신선 제품 판매' 기업에 대한 내부 역량 분석을 진행한 사례임.
2. VRIO 분석기법을 활용해 본 결과, 가치 여부, 희소 여부, 모방 여부, 조직화 여부 관점에서 어떤 자원이 경쟁력이 높은지를 분석할 수 있었음.

〈VRIO 분석〉

내부역량 및 자원	가치가 있는가? (Value) (1~5점)	희소한가? (Rarity) (1~5점)	타사가 모방하기 힘든가? (Imitability) (1~5점)	자원활용을 위한 조직이 구성되어 있는가? (Organization) (1~5점)
1. 신선 제품	5	4	2	5
2. 배송 인프라	5	3	4	4
3. 고객관리 역량	4	2	2	4
4. 홍보 역량	4	1	1	4
5. 품질관리 역량	5	2	4	3

3. 적용 방법

기업이 가진 내부역량과 자원을 VRIO 관점에서 평가하여 강점과 약점을 도출(1~5점 평가)하고 잠재적인 경쟁우위를 점할 수 있는 전략적 시사점을 도출함.

1단계: Value(가치) 분석

소유한 자원을 기회로 이용하거나 위협을 중화시킬 수 있는 가치가 있는지 분석함.

2단계: Rarity(희소성) 분석

해당 자원이 자사를 포함한 소수의 기업에 의해 소유되고 있는지 분석함.

3단계: Imitability(모방가능성) 분석

타사가 획득하거나 모방하기 힘든 자원인지 분석함.

4단계: Organization(조직) 분석

해당 자원을 활용하기 위한 조직과 정책 및 프로세스가 존재하는지 분석함.

5단계: 시사점 도출

VRIO 관점의 강점과 약점을 분석하고 경쟁우위를 위한 전략적 시사점을 도출함.

〈VRIO 분석〉

내부역량 및 자원	가치가 있는가? (Value) (1~5점)	희소한가? (Rarity) (1~5점)	타사가 모방하기 힘든가? (Imitability) (1~5점)	자원활용을 위한 조직이 구성되어 있는가? (Organization) (1~5점)
1.				
2.				
3.				
4.				
5.				

〈시사점〉

1.

2.

3.

PART 03

환경 분석 종합 및 비전과 목표 수립

[환경 분석 종합 및 비전과 목표 수립 체계도]

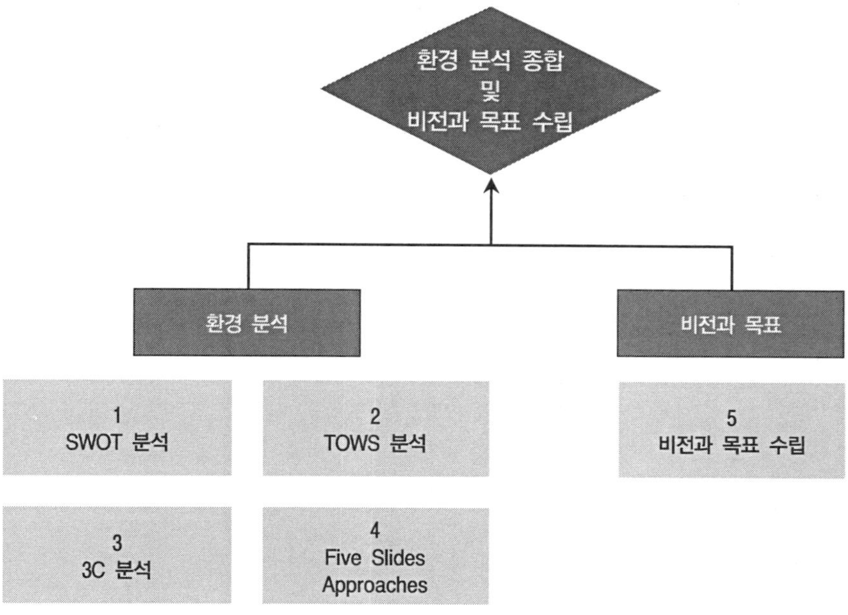

[환경 분석 종합 및 비전과 목표 수립 - 5개]

번호		기법	주요 질문
환경 분석	1	SWOT 분석기법	회사의 강점과 약점, 기회와 위협은 무엇인가?
	2	TOWS 분석기법	회사의 전략적 방향은 어떻게 수립해야 하는가?
	3	3C 분석기법	회사 · 고객 · 경쟁사 관점에서 강점과 약점, 기회와 위협은 무엇인가?
	4	Five Slides Approaches 기법	회사가 경쟁력 우위를 점할 수 있는 방법은 무엇인가?
비전과 목표	5	비전과 목표 수립 기법	회사의 비전과 목표, 전략은 무엇인가?

SWOT 분석기법 01

1. 개념

① SWOT 분석기법은 "우리 회사의 강점과 약점, 기회와 위협은 무엇인가?"라는 질문에 답을 하는 기법임.

기업을 둘러싸고 있는 환경의 변화로 인한 기회와 위협을 분석한 외부환경 분석, 기업 내부의 강점과 약점을 분석한 내부 역량 분석을 종합적으로 요약 분석해서 기업의 전략적 방향 및 전략을 수립하는 대표적인 방법임. 이를 기반으로 강점을 살려 기회를 활용하는 전략, 강점을 활용하여 위협을 제거하는 전략 등을 수립할 수 있음.

② SWOT 분석기법은 크게 네 가지 관점에서 분석함.

- **S**trength(강점) : 산업 내에서 경쟁사에 비해 상대적으로 우위에 있는 무형적, 유형적 자산이나 장점으로서 자사의 차별화된 자원 및 핵심 우위에 대한 분석을 통해 찾아낼 수 있음.
- **W**eakness(약점) : 경쟁사에 비해 열등한 요소 및 단점을 의미하며 자사의 상대적 취약점 또는 개선사항이 무엇인지를 분석하여 찾아낼 수 있음.
- **O**pportunity(기회) : 기업을 둘러싼 외부환경 변화로 인한 새로운 기회로서 시장, 기술, 고객 등의 변화 속에서 찾아낼 수 있음.
- **T**hreat(위협) : 외부환경 변화가 주는 잠재적 위협으로서 시장의 큰 변화뿐만 아니라 경쟁사의 전략, 경영상의 장애물 등을 분석하여 찾아낼 수 있음.

〈SWOT 분석 Framework〉

Strength	Weakness
Opportunity	**Threat**

2. 사례

1. 시뮬레이션 기반의 기업 교육 회사의 환경 분석을 종합적으로 SWOT기법으로 분석한 사례임.
2. 외부환경에서 기회와 위협을 찾아내고, 내부 역량을 분석해 강점과 약점을 찾아 체계적으로 분석하였음.

〈국내 E-Learning 회사 분석 사례〉

Strength	Weakness
• 우수한 연구 개발 인력 • 시뮬레이션 기반의 경영 교육 콘텐츠 보유 • 시뮬레이션 기반의 경영 교육 경험	• 자본의 부족 • 홍보 및 영업 인력의 부족 • 유통 채널 부족 • 개발 인력의 부족
Opportunity	**Threat**
• 체험형 교육에 대한 수요 증가 • 비대면 교육의 증가 • IT 기술의 발전 • 정부의 강력한 지원정책	• 대형 e-learning 회사의 시장 독점 • 시장 규모에 비해 많은 경쟁사 난립 • 해외 교육 기업의 한국 진출

3. 적용 방법

1단계: 강점과 약점 분석

기업의 내부 역량 차원에서 경쟁사와 비교했을 때 상대적 강점 또는 약점을 분석함.

2단계: 기회와 위협 분석

외부환경의 변화를 분석하여 자사에 미치는 기회와 위협 요인을 분석함.

3단계: 전략적 방향 도출

분석된 강점, 약점, 기회, 위협 요인들을 융합하여 전략적 대응방안을 도출함.

〈SWOT 분석〉

Strength	Weakness
Opportunity	**Threat**

〈전략적 방향〉

1.

2.

3.

4.

TOWS 분석기법 02

1. 개념

① TOWS 분석기법은 "회사는 어떤 방향의 전략을 취해야 하는가?"라는 질문에 답을 하는 기법임.

SWOT 분석 결과를 토대로, 외부환경에서 도출된 위협(Threat)과 기회(Opportunity), 내부 환경 분석에서 도출된 약점(Weakness)과 강점(Strength)을 조합해서 네 개의 전략적 방향을 도출하는 기법임.

TOWS 기법은 별도의 기법이라기보다는 SWOT 분석기법의 분석 결과를 기초로 전략적 방향을 도출해 보는 기법임.

② TOWS 분석기법에서는 네 종류의 전략적 방향을 선택할 수 있음.

- SO 전략 : 외부환경에서 주는 기회를 살리기 위해 기업이 가지고 있는 강점을 이용하는 공격적 전략(Aggressive Strategy)
- WO 전략 : 외부환경에서 주는 기회를 살리기 위해 기업의 약점을 보완하는 국면 전환 전략(Turnaround-oriented Strategy)
- ST 전략 : 외부환경에서 주는 위협에 대응하기 위해 기업의 강점을 활용하는 다각화 전략(Diversification Strategy)
- WT 전략 : 외부환경에서 주는 위협에 대응하기 위해 기업의 약점을 보완하는 방어적 전략(Defensive Strategy)

〈TOWS 분석기법 Framework〉

SO 전략	WO 전략
ST 전략	**WT 전략**
전략적 방향	

2. 사례

1. 신규로 진출하려고 하는 성인 교육시장에 대한 TOWS 분석 사례임.
2. SO 전략, WO 전략, ST 전략, WT 전략의 네 가지 관점에서 선택 가능한 전략들이 도출되었음.

〈기업 교육시장의 TOWS 분석〉

SO 전략	WO 전략
• 체험형 교육 수요에 맞춘 마케팅 전략 • 에듀테크 정부지원 사업 수주 • IT 기술 발전에 따른 신규 교육 수요 발굴	• 다양한 종류의 시뮬레이션 콘텐츠 개발 • 개발 인력의 보강 • 영업 및 마케팅 강화
ST 전략	**WT 전략**
• 차별화된 이러닝 상품 개발 • 오프라인 교육 상품 개발 • 아동용 교육시장으로 진출	• 현재 시장의 고수 • 현 상품의 강화 전략 • 대형 교육기관에 콘텐츠 판매

3. 적용 방법

1단계: SO 전략

새로운 기회에 대비해서 강점을 활용할 수 있는 전략을 발굴

2단계: WO 전략

새로운 기회에 대비해서 약점을 보강하는 전략을 발굴

3단계: ST 전략

새로운 위협에 대비해서 강점을 활용하는 전략을 발굴

4단계: WT 전략

새로운 위협에 대비해서 약점을 보강하는 전략을 발굴

5단계: 전략적 방향

기업이 선택할 수 있는 전략을 선택

<table>
<tr><th>SO 전략</th><th>WO 전략</th></tr>
<tr><td></td><td></td></tr>
<tr><th>ST 전략</th><th>WT 전략</th></tr>
<tr><td></td><td></td></tr>
<tr><th colspan="2">전략적 방향</th></tr>
<tr><td colspan="2"></td></tr>
</table>

3C 분석기법 03

1. 개념

① 3C 분석기법은 "회사 · 고객 · 경쟁사 관점에서 강점과 약점, 기회와 위협은 무엇인가?"라는 질문에 답을 하는 기법임. 3C 분석기법은 기업의 외부환경과 내부 역량을 고객(Customer) · 경쟁사(Competitor) · 자사(Company) 관점에서 분석하고 자사의 강점과 약점에 대한 객관적 분석과 함께 경영활동의 핵심 주체인 고객과 경쟁사에 대해 이해함으로써, 경영환경을 종합적으로 분석하는 기법으로 SWOT 분석과 병행해서 경영 전략 수립 과정에 활용함.

② 3C 분석기법은 고객, 경쟁사, 자사의 세 가지 관점에서 종합적으로 분석함.

- 고객(Customer) : 고객의 니즈, 구매 요인, 거래 방식, 시장 규모나 성장성 등 고객과 시장의 특징을 중심으로 고객의 특성을 정확하고 객관적으로 파악함.
- 경쟁사(Competitor) : 경쟁사의 강점과 약점, 전략 등을 분석하는 것으로 핵심 경쟁자는 누구인지, 경쟁자의 경쟁력과 경쟁 방식은 무엇인지 등에 관한 경쟁 이슈를 파악함.
- 자사(Company) : 자사의 기술력이나 마케팅 능력, 인적자원의 경쟁력뿐만 아니라 매출액과 시장점유율 · 수익성 등에 대한 구체적인 분석을 통해 객관적인 경쟁력을 파악함.

〈3C 분석의 Framework〉

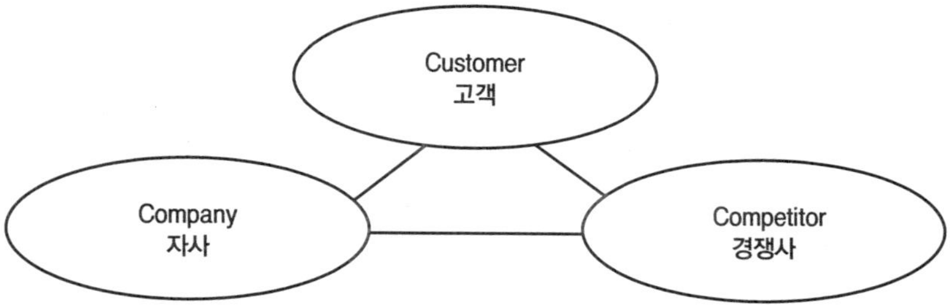

2. 사례

1. 해외 OTT 플랫폼의 한국 시장 진출을 위한 환경분석을 3C 기법으로 진행한 사례임.
2. 자사의 경쟁력, 고객, 경쟁사 관점에서 환경 분석을 하였고, 경쟁사들의 힘이 강하나 시장이 성장하고, 자사 경쟁력이 높기 때문에 성공 가능성이 높아 보임.

〈해외 OTT 기업〉

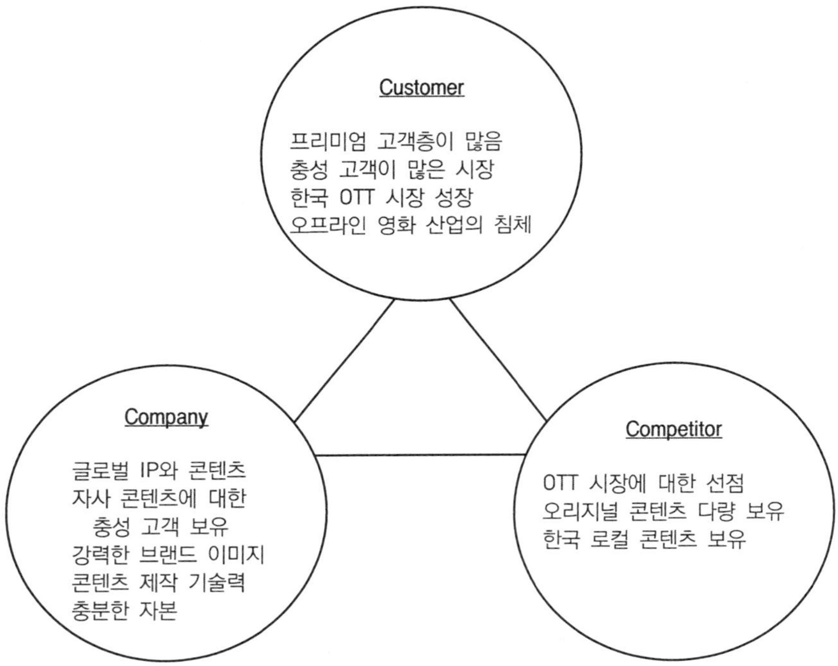

3. 적용 방법

1단계: 고객 분석

목표시장의 동향, 핵심 고객의 니즈, 구매 요인 등의 관점에서 고객의 특성을 분석함.

2단계: 경쟁사 분석

경쟁사의 전략, 핵심 역량, 주요 제품과 서비스 등의 관점에서 경쟁사의 특성을 분석함.

3단계: 자사 분석

경영 목표, 경영 성과, 강점과 약점, 전략 방향 등의 관점에서 자사의 특성을 분석함.

4단계: 전략적 시사점 도출

3C 분석을 기반으로 환경 분석을 종합해보고 전략적 시사점을 도출함.

〈3C 분석〉

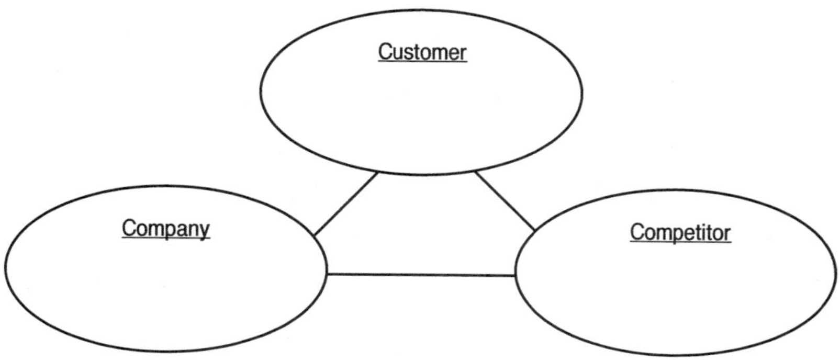

〈전략적 시사점〉
1.
2.
3.

Five Slides Approaches 기법 04

1. 개념

① Five Slides Approaches 기법은 "회사가 경쟁에서 승리할 수 있는 방법은 무엇인가?"라는 질문에 답을 하는 기법임.

현재의 경쟁 상황 · 경쟁 판도의 변화 · 자사의 변화 · 미래 위협 상황 · 승리의 방법의 5개 측면에서 다양한 질문에 답을 하면서 경영 환경을 분석하고, 승리의 방법을 찾아내는 방법으로서 기업 내 · 외부환경을 분석한 다음에 종합적으로 활용할 수 있는 기법임.

GE의 Jack Welch회장은 경쟁 환경을 분석하고, 승리의 전략을 수립하는 방법으로 Five Slides Approaches를 제시함.

SWOT 분석처럼 외부 및 내부 환경 분석을 수행한 다음에, 종합적으로 기업의 경쟁 관점에서 분석하는 데 유용한 기법임.

② Five Slides Approaches 기법에서 전략은 일부의 문제가 아니라 우리 모두 함께 우리가 처한 상황에 대한 깨달음(Big Aha)으로부터 출발해야 하고, 리더는 조직 및 상황에 맞는 유연한 framework를 제시해야 함.

- **현재의 경쟁 상황** : 경쟁자는 누구인가? 경쟁자의 시장점유율은? 경쟁자의 강점과 약점은?
  경쟁자의 움직임은? 경쟁자의 R&D 영업력은? 경쟁자의 핵심 역량은?
- **경쟁 판도의 변화** : 경쟁자들은 최근에 어떤 변화와 혁신을 하고 있는가? 판도를 변화시키는 신제품, 신기술, 신채널을 도입한 경쟁자는 누구인가?
  새로운 진입 예정자들은? 그들은 지금까지 무엇을 해왔는가?
- **자사의 변화** : 최근에 경쟁무대에서 무엇을 했는가? 신기술이나 영업력 등을 강화했는가?
  기술, 영업 능력 등의 경쟁적 우위를 잃지 않았는가?
- **미래 위협 상황** : 자사를 위협할 수 있는 요인들은 무엇인가?
  특히 경쟁자의 신제품, 경쟁 판도를 바꿀 수 있는 인수 합병?

다른 업종에서 진입하고자 하는 기업은 누구인가?

- 승리의 방법 : 시장의 판세를 바꾸거나 동시에 게임을 지배할 수 있는 방안은?

  시장에서 승리의 길로 갈 수 있는 비장의 무기는?

  고객들을 보다 강력하게 묶을 수 있는 방안은? 신제품 개발?

  영업력 강화, 인수합병, 신규 투자 등의 대안, 분석에서 행동으로 이동하는 단계

〈Five Slides Approaches 기법 Framework〉

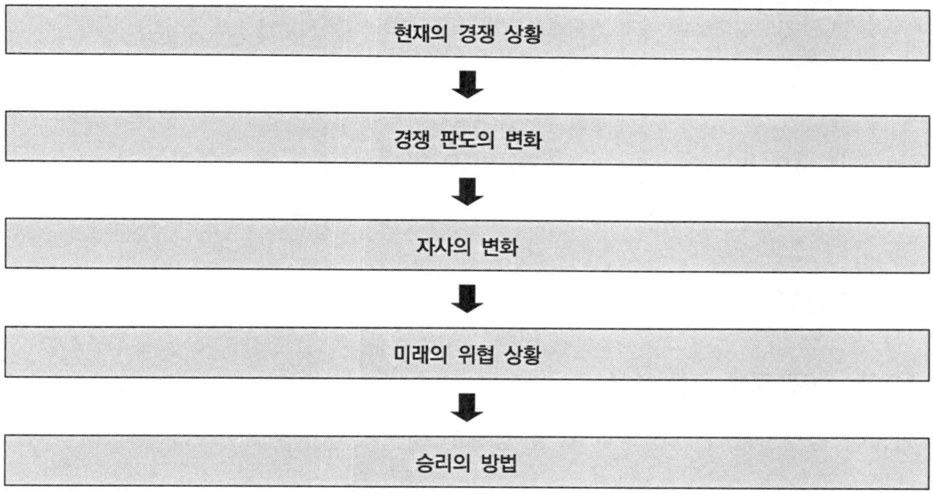

2. 사례

1. 국내 이커머스 플랫폼 기업을 대상으로 'Five Slides Approaches' 기법을 적용한 사례임.
2. 5개 관점에서 경쟁 상황을 분석하고, 승리의 방법을 찾아봄으로써 다른 관점에서 전략을 수립할 수 있었음.

〈이커머스 플랫폼 사례〉

1. 현재의 경쟁 상황	2. 경쟁 판도 변화	5. 승리의 방법
• 이커머스 시장은 경쟁 과열 상태 • 차별화된 배송 서비스를 통해 경쟁우위를 확보하고 있음	• 대기업의 이커머스 시장 진출 • 유사 서비스의 등장 • 해외 직구 문화 확산으로 해외업체와의 경쟁 구도 심화	• 제품 품질과 고객관리를 통해 MS 확대 • 신규 고객 발굴을 위한 혁신 • 고객DB 활용한 신사업 (OTT) • 해외시장 진출을 통한 블루오션 발굴
3. 자사의 변화	**4. 미래의 위협 상황**	
• 지속적인 인프라 확대로 적자 장기화 • 투자 유치 및 상장을 통해 자금 확보 • 핵심 인력 유출 및 기업 이미지 악화	• 국내 시장의 경쟁 심화 • 배송 서비스의 경쟁우위 상실 • 충성 고객 유출 • 재무 위험성으로 기업가치 저평가	

3. 적용 방법

1단계: 현재 경쟁 상황 분석

현재의 경쟁자들의 경쟁력과 경쟁 상황을 분석

2단계: 경쟁 판도 변화

경쟁자들의 최근 변화와 혁신 현황을 분석

3단계: 자사의 변화

현재 경쟁 상황에서 자사의 변화와 혁신 노력을 분석

4단계: 미래의 위협 현황

경쟁 판도에서 미래의 위협 요소를 분석

5단계: 승리의 방법

경쟁 상황에서 승리할 수 있는 방법을 모색

〈Five Slides Approaches 기법〉

1. 현재의 경쟁 상황	2. 경쟁 판도 변화	5. 승리의 방법
3. 자사의 변화	**4. 미래의 위협 상황**	

비전과 목표 수립 기법 05

1. 개념

① 비전과 목표 수립 기법은 "회사의 비전과 목표는 무엇인가?"라는 질문에 답을 하는 기법임.

전사적인 측면에서 기업이 나가고자 하는 방향성을 설정하고, 직원들이 공감할 수 있는 비전을 수립하고, 이를 달성하기 위한 구체적인 단기 및 중장기 목표를 구체화하는 기법임.

② 비전과 목표를 수립할 때 비전과 목표를 명확하게 이해하고 수립해야 함.

- 비전(Vision) : 기업이 달성하고자 하는 미래 모습을 전략적 방향과 장기적 목표로 구체화한 선언문을 의미함.

  기업의 이해당사자인 경영진 · 직원 · 주주는 비전을 통해서 기업의 공동 목적과 행동 기준을 이해하게 되며, 조직 활동에 대한 동기를 갖게 됨.
- 목표(Goal) : 기업의 비전을 위해 구체적으로 달성해야 하는 목표를 의미함. 경영 전략을 수립할 때 비전과 목표를 함께 수립하게 되는데, 비전은 기업이 가고자 하는 장기적 목표이고, 목표는 단기적이고 구체적인 목표임.
- 전략(Strategy) : 경영 목표를 달성하기 위한 구체적이고 현실적인 실행 방법을 의미함. 목표를 어떻게 실행할 것인가? 하는 단기적이고 장기적인 방법을 의미함.

〈비전과 목표 수립〉

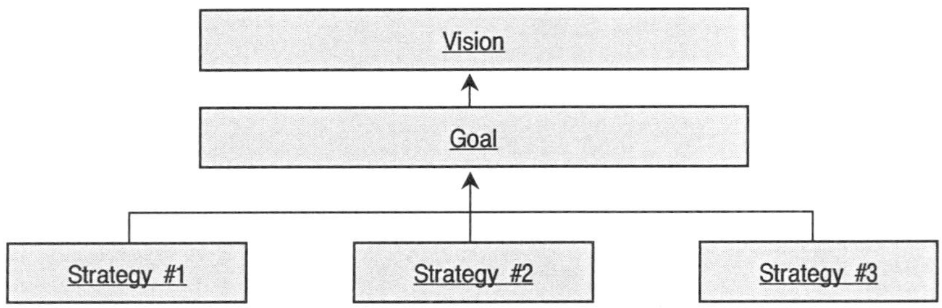

2. 사례

1. 하나금융그룹의 비전과 목표 사례임. (출처: 하나금융그룹 홈페이지)

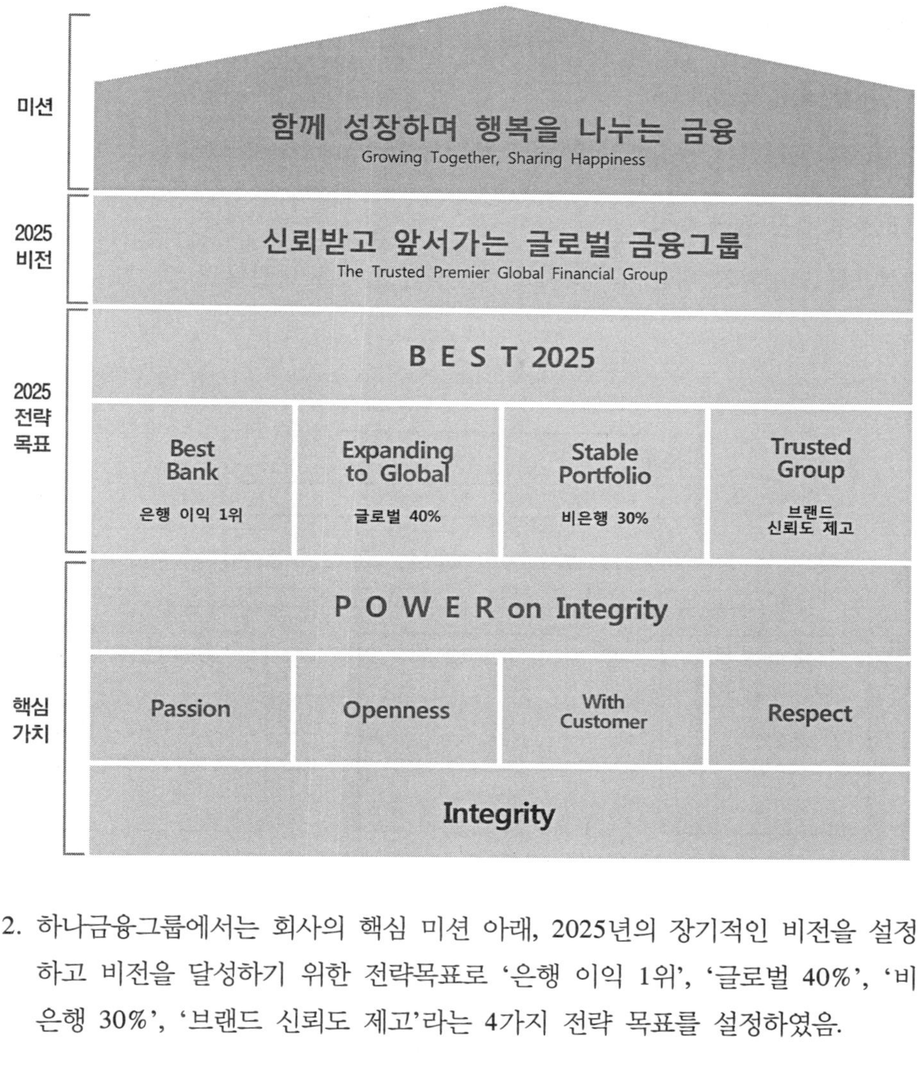

2. 하나금융그룹에서는 회사의 핵심 미션 아래, 2025년의 장기적인 비전을 설정하고 비전을 달성하기 위한 전략목표로 '은행 이익 1위', '글로벌 40%', '비은행 30%', '브랜드 신뢰도 제고'라는 4가지 전략 목표를 설정하였음.

3. 추가적으로, 기업의 핵심가치를 제시하여 구성원의 가치관과 업무의 기준점을 설정하였음.

3. 적용 방법

1단계: 비전 수립

주주와 경영자, 직원 및 고객 등의 이해관계자들에 대한 니즈 분석, 경영환경 분석 등을 통해서 자사가 추구하고자 하는 미래 모습을 찾아냄.

2단계: 목표 수립

비전과 연계하여 달성해야 할 목표들을 구체적인 성과 지표 중심으로 수립함.

3단계: 추진 전략 수립

목표를 달성하기 위한 구체적이고 체계적인 전략을 수립함.

〈비전과 목표 수립〉

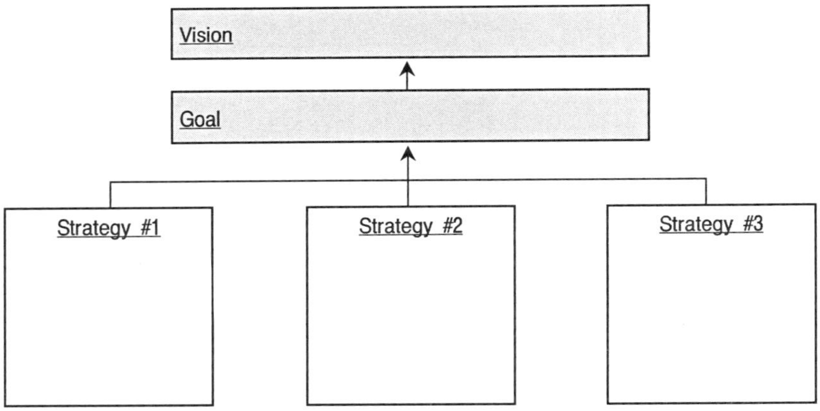

PART 04

기업 차원 전략 및 관리 기법

[기업 차원 전략 및 관리 기법 체계도]

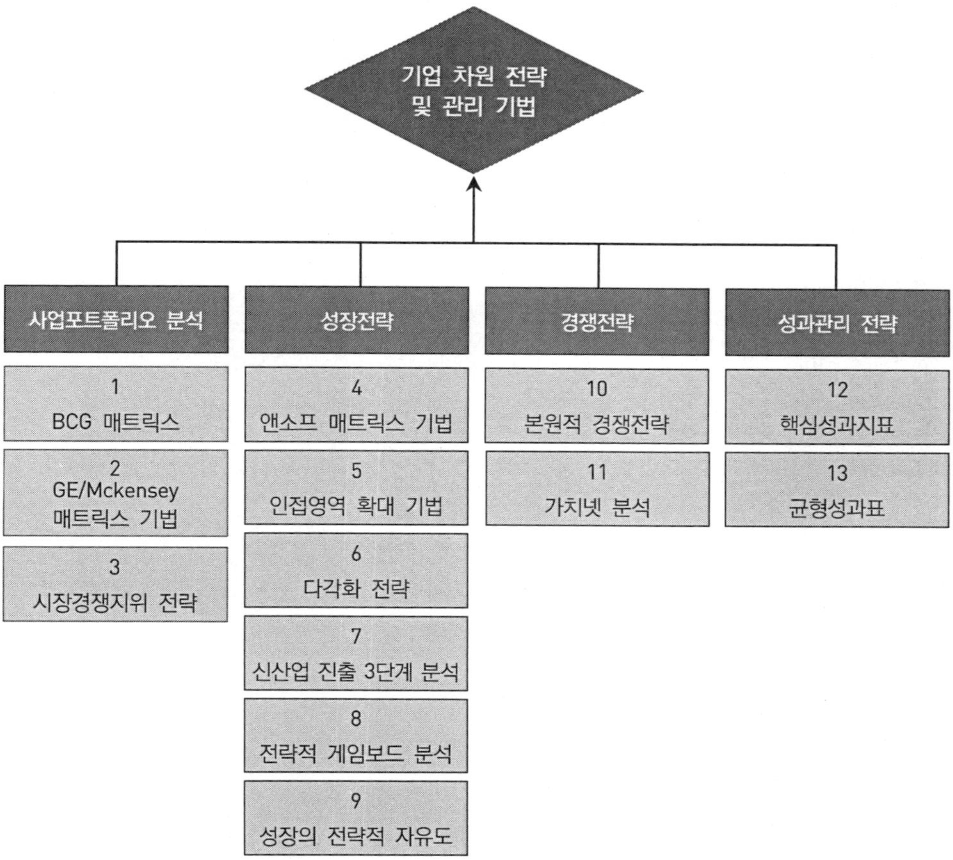

[기업 차원 전략 및 관리 기법 - 13개]

번호		기법	주요 질문
사업 포트 폴리오 분석	1	BCG 매트릭스 기법	우리 회사의 사업 단위별 전략적 위치는 어디인가?
	2	GE/Mckensey 매트릭스 기법	우리 회사의 사업 포트폴리오는 어떻게 구성되어 있는가?
	3	시장경쟁지위 전략 기법	산업 내에서 우리 회사의 경쟁적 위치는 어느 영역인가
성장 전략	4	앤소프 매트릭스 기법	우리 회사가 사업을 성장시키고 확대시킬 수 있는 기회가 있는가?
	5	인접영역 확대 기법	우리 회사의 핵심 역량을 기반으로 확장해 갈 수 있는 사업 영역은 어디인가?
	6	다각화 전략 기법	우리 회사는 어떤 방향으로 성장해야 하는가?
	7	신산업 진출 3단계 분석기법	우리 회사가 신산업에 진출할 때 어떤 단계로 분석해야 하는가?
	8	전략적 게임보드 분석기법	우리 회사가 가야 할 전략적 방향은 무엇인가?
	9	성장의 전략적 자유도 기법	우리 회사가 성장하기 위해서 선택할 수 있는 전략은 무엇인가?
경쟁 전략	10	본원적 경쟁전략 기법	우리 회사가 어떤 경쟁전략을 선택해야 하는가?
	11	가치넷 분석기법	우리 회사는 어느 경쟁세력들과 제휴를 해야 하는가?
성과 관리 전략	12	핵심성과지표 기법	우리 회사의 성과를 어떻게 관리해야 하는가?
	13	균형성과표 기법	우리 회사가 선순환하기 위해선 무엇을 해야 하는가?

BCG 매트릭스 기법 01

1. 개념

① BCG 매트릭스는 "우리 회사의 사업단위별 전략적 위치는 무엇인가?"란 질문에 답을 하는 기법임.

BCG 매트릭스 기법은 시장성장률과 시장점유율의 관점에서 각 사업 단위(SBU)의 전략적 위치와 매력도를 평가하고, 사업부의 전략적 위치 · 경쟁력 · 기업의 자원을 고려하여 기업의 전체적인 사업 구조 방향 및 투자의사결정을 위한 분석기법으로 Boston Consulting Group에서 개발하였음.

② BCG 매트릭스 기법은 기업의 사업 단위로 매력도를 시장점유율과 성장률에 따라서 네 집단으로 분류함.

- Star : 높은 성장률과 시장점유율로 인해서 현금창출 규모가 큰 반면에 현재의 포지션을 유지하기 위해서 계속적 투자와 집중 육성이 필요한 사업
- Cash Cow : 시장점유율은 높지만 시장성장률이 낮아 수요가 정체되어 있기 때문에 해당 사업에 대한 투자 필요성이 상대적으로 적고, 창출된 현금에 대해 타 사업으로 투자를 고려해야 하는 사업
- Question Mark : 시장성장률은 높고 시장점유율은 낮아 현재의 수익성이 떨어지지만 미래 성장 가능성이 존재하기 때문에 선별적 투자가 필요한 사업
- Dog : 성장률과 점유율 모두 낮아 수익성과 성장 가능성이 낮기 때문에 철수를 고려해야 하는 사업

〈BCG 매트릭스의 Framework〉

실질 시장성장률 \ 상대적 시장점유율	High	Low
High	Star 성장을 위한 투자 전략	Question Mark 선택적 투자 전략
Low	Cash Cow 현금회수 전략	Dog 사업 철수 전략

2. 사례

1. 본 사례는 BCG 매트릭스 기법을 활용해 국내 식품제조기업을 분석한 사례임.
2. 기업이 운영하고 있는 네 가지 사업 분야를 시장점유율과 시장성장률의 관점에서 분석한 결과, 제빵 사업이 Dog 영역에 해당되고, 간편식 사업은 Question Mark, 과자와 라면 사업은 Cash Cow에 해당함.
   - Dog 영역 사업 분야는 수익성이 낮고, 성장성 또한 낮아 철수 여부를 검토하기로 하였음.
   - Cash Cow 영역 사업 분야는 별도의 투자 없이 현 상태를 유지하고 Question Mark 사업은 공격적인 투자를 통해 시장점유율을 끌어올려 Star 영역의 사업으로 만들기로 하였음.

〈국내 식품 제조기업 분석 사례〉

실질 시장성장률 \ 상대적 시장점유율	High	Low
High	Star	Question Mark 간편식
Low	Cash Cow 라면 과자	Dog 제빵

3. 적용 방법

1단계: 시장성장률과 시장점유율 분석

시장조사 자료와 내부 성과자료를 활용하여 사업 단위들의 시장성장률과 시장점유율을 조사함.

2단계: 전략적 위치 분류

분석자료를 기반으로 각 사업 단위들을 BCG 매트릭스의 4개 영역으로 분류함.

3단계: 사업 단위별 전략 수립

현재의 전략적 위치와 목표 전략적 위치를 비교 분석해서, 사업부별 전략을 수립함.

〈BCG 매트릭스 분류〉

실질 시장성장률 \ 상대적 시장점유율	High	Low
High	Star	Question Mark
Low	Cash Cow	Dog

사업부	현재의 전략적 위치	목표 전략적 위치	사업부별 전략

GE/McKinsey 매트릭스 기법 02

1. 개념

① GE/McKinsey 매트릭스 기법은 "회사의 사업 포트폴리오는 어떻게 구성되어 있는가"란 질문에 답을 하는 기법.

② GE/McKinsey 매트릭스 기법은 기업의 전략적 사업 단위에 대한 비즈니스 포트폴리오 분석을 수행할 수 있으며 이를 통해 어떤 사업에 자원을 더 투자해야 하고 어떤 사업에는 덜 투자해야 하는지 결정할 수 있음. 사업 포트폴리오를 분석하는 대표적인 Tool로 BCG 매트릭스가 있는데 이보다 더 정교하다고 평가받음.

③ GE/McKinsey 매트릭스 기법은 산업 매력도와 사업 강점의 두 축에서 의해서 사업 포트폴리오를 분류함.

- 산업 매력도 : 절대적 시장규모, 시장 잠재력, 경쟁구조, 재무/경제/기술/사회/정치적 요인 등과 같은 거시적 환경요인의 상대적 매력도에 따라서 사업 부분을 높음, 중간, 낮음으로 분류함.
- 사업 강점 : 사업 부문의 규모/시장점유율/위치/경쟁우위 등의 사업 강점에 따라서 사업 부분을 높음, 중간, 낮음으로 분류함.

④ 위치에 따른 전략을 수립함.

- 강한 포지션 : 산업 강점이나 산업 매력도 중 어느 하나 강점을 가지고 있어 공격적인 투자와 성장을 도모할 수 있음.
- 중간 포지션 : 선별적인 강화 정책을 통해 초록색 포지션으로 넘어갈 수 있도록 리스크 최소화 필요.
- 약한 포지션 : 성장 가능성이 없을 경우 추가적인 투자는 될 수 있으면 회피하고 사업을 철수하는 것을 고려할 수 있음.

〈GE/McKinsey 매트릭스 기법 Framework〉

산업 매력도 \ 사업 강점	높음	중간	낮음
높음	**프리미엄** 최대한 성장투자 경쟁력 유지 노력	**선택적** 취약부분 보완 선택적 경쟁력 강화	**보호/재집중** 강점 이용 전문화 약점 보완책 확보
중간	**도전** 유망시장 집중투자 경쟁력 확보 생산성/수익성 강화	**프라임** 현 프로그램 보호 수익성 확보 리스크 최소화	**구조 조정** 위험 적은 확장 투자제한
낮음	**기회 관망** 단기성과 위주 관리 현위치 유지 사업강점에 집중	**기회 관망** 제품 고급화 투자 최소화 현위치 방어	**전환 또는 철수** 사업 매도 고정투자 회피 추가투자 회피

2. 사례

1. XYZ 전자의 GE/McKinsey 매트릭스 분석 (Chat GPT 분석)
2. 산업의 매력성(Industry Attractiveness):

- **시장 성장률** : 전자 제품 시장은 현재 안정적이지만, 스마트 홈 및 인공지능 기술의 발전으로 미래에도 지속적인 성장이 예상됨.
- **시장 크기와 규모** : 시장은 크고, 글로벌한 수요 증가로 인해 규모가 커질 것으로 전망.
- **기술적인 변화** : 기술 혁신에 대한 높은 감응성을 유지하고 있으며, 산업의 변화에 잘 적용할 수 있는 역량이 있음.

3. 기업의 경쟁력(Business Unit Competitive Strength):

- **시장 점유율** : XYZ 전자는 현재 전자 제품 시장에서 상위 3위에 위치하고 있음.
- **고객 기여도** : XYZ 전자의 제품은 고객들에게 높은 가치를 제공하며, 브랜드 충성도가 높음.
- **기술적 역량** : 기술적으로 강한 연구 및 개발 부서를 보유하고 있으며, 지속적인 혁신을 이루고 있음.

〈GE/McKinsey 매트릭스 기법〉

사업 강점

산업 매력도		높음	중간	낮음
	높음	<u>프리미엄</u>	<u>선택적</u>	<u>보호/재집중</u>
	중간	<u>도전</u>	<u>프라임</u>	<u>구조 조정</u>
	낮음	<u>기회 관망</u>	<u>기회 관망</u>	<u>전환 또는 철수</u>

〈시사점〉

1. 평가 및 전략 제안:
   - 평가 및 우선순위 결정: 산업의 매력성과 기업의 경쟁력을 고려하여, 스마트 홈 및 인공지능 기술 분야에 더 집중할 필요가 있음.
2. 포트폴리오 조정:
   - 현재의 전자 제품 라인을 유지하면서, 스마트 홈 및 AI 기술 제품에 대한 투자를 강화.
   - 장기 전략 수립: 글로벌 시장에서 선도적인 역할을 하기 위해 스마트 홈 기술 및 AI 제품 개발에 대한 장기적인 비즈니스 전략 수립.

3. 적용 방법

1단계

기업에서 수행하고 있는 사업들을 단위별로 구분함.

2단계

해당 사업단위들을 “사업 강점”과 “산업 매력도”를 기준으로 평가하여 매트릭스 내에 배치함.

3단계

해당 사업의 전략적 시사점을 도출함.

〈GE/McKinsey 매트릭스 기법〉

사업 강점

산업 매력도		높음	중간	낮음
	높음	프리미엄	선택적	보호/재집중
	중간	도전	프라임	구조 조정
	낮음	기회 관망	기회 관망	전환 또는 철수

〈시사점〉

1.

2.

3.

시장경쟁지위 전략 기법 03

1. 개념

① 시장경쟁지위 전략은 "산업 내에서 우리 회사의 경쟁적 위치는 어느 영역인가?"란 질문에 답을 하는 기법임. 산업 내에서 기업이 위치한 경쟁적 지위를 분석하여 경쟁력을 파악하고, 경쟁적 지위에 맞는 추진전략을 수립하는 방법임. 각 사업부별 경쟁력과 산업 내에서의 전략적 위치에 대해서 정확한 분석이 가능하고, 시장에서의 위치와 경쟁력을 기반으로 단기 및 중장기 관점의 경쟁전략을 수립할 수 있음.

② 시장점유율에 따라서 선도자, 도전자, 추종자, 틈새 공략자로 나누고 각 시장지위에 따라서 전략을 수립함으로써 자원의 효율적인 활용과 장기적인 성장의 발판을 마련하는 방법임.

- 선도자(Leader) : 시장에서 최대의 시장점유율을 확보하고 있는 기업으로서 선도적 지위를 유지하기 위해 진입장벽을 구축하고 전체 시장의 크기를 확장하기 위한 전략이 필요함.
- 도전자(Challenger) : 시장 선도 기업 다음으로 큰 시장점유율을 가지고 있는 기업으로서 시장점유율 확대를 위해 시장 선도 기업과의 차별화를 시도하는 전략이 필요함.
- 추종자(Follower) : 시장 선도 기업을 따라 잡기에는 아직 역부족인 기업으로서 현재의 고객을 유지하며 특별한 독자성 없이 개발 비용과 위험을 줄이는 모방 전략이 필요함.
- 틈새 공략자(Nicher) : 틈새시장에서 독자적인 지위를 구축한 기업으로서 수익성을 추구하고 틈새시장 내에서 선도 기업으로서의 이미지를 구축하는 전략이 필요함.

〈시장경쟁지위 전략 기법 Framework〉

Leader	Challenger
진입장벽 구축 및 수요 창출	선도자와의 차별화
Follower	**Nicher**
선도기업 모방 전략	수익성 관리 및 틈새시장 선도

2. 사례

1. 전자제품 제조기업의 사업부를 시장경쟁지위 전략 기법을 적용해 분석한 사례임.
2. 분석 결과, 아래와 같이 사업부별로 서로 다른 시장경쟁지위를 가지고 있기 때문에 사업부별로 전략을 세울 수 있었음.
   - 모바일통신, 반도체 사업, 가전제품의 경우 시장에서 가장 높은 점유율을 차지하고 있어 ‘Leader’로 분류하였음.
   - 디스플레이 패널과 시스템 반도체는 ‘Leader’만큼의 높은 점유율은 아니지만 이에 대응할 만한 점유율을 가지고 있고, 더 확대시켜 나가기 위해 ‘Challenger’ 등급으로 분류하였음.
   - 기타 이동통신 사업은 리더에게 도전하지 않고 현상 유지를 노리고 있으므로 ‘Follower’ 등급으로 분류하였음.
   - 음향 장비 사업은 자사가 새롭게 M&A를 통해 도전하는 시장으로 특정 분야의 리더를 노리고 뛰어들고 있으므로 ‘Nicher’ 등급으로 분류하였음.
   - 각 사업 단위별로 시장에서 경쟁지위가 다르기 때문에 별도의 전략을 수립하였음.

〈전자제품 회사의 사업부별 시장경쟁지위〉

Leader	Challenger
모바일통신 반도체 가전제품	디스플레이 패널 시스템 반도체
Follower	**Nicher**
기타 이동통신	음향 장비

3. 적용 방법

1단계: 시장경쟁지위 분석

각 사업부별 시장점유율 자료를 활용하여 Leader, Challenger, Follower, Nicher 중에서 해당하는 위치를 분석함.

2단계: 경쟁전략 수립

시장경쟁지위 분석 결과를 기반으로 각 사업부별 경쟁전략을 수립함.

〈시장경쟁지위 전략〉

Leader	Challenger
Follower	**Nicher**

사업부	시장경쟁지위	경쟁전략

앤소프 매트릭스 기법 04

1. 개념

① 앤소프 매트릭스 기법은 "우리 회사가 사업을 성장시키고 확대시킬 수 있는 기회가 있는가?"에 답하는 기법임.

② 앤소프 매트릭스 기법은 1957년 하버드 비즈니스 리뷰를 통해 처음으로 소개되었으며 기업의 성장에 관한 4가지 가설과 방향을 바탕으로 기업의 성장 방향과 위험도를 예측하고 비교/분석하여 기업의 마케팅은 물론 전체적인 성장방향에 대한 의사결정을 위한 도구로 사용할 수 있음.

③ 앤소프 매트릭스 기법은 기업의 성장 방향을 크게 4가지 영역으로 분류하고 분석함.

- 시장 침투 : 기존의 상품으로 현존하는 시장을 대상으로 시장 점유율을 높여 성장하는 방법
- 시장 개발 : 기존의 상품을 유지한 채 다른 시장을 찾거나 지역적 한계, 고객층을 넓히는 등 새로운 시장을 개척하는 방향으로 기업의 성장을 꾀하는 방법
- 제품 개발 : 기존 시장에서 새로운 니즈를 만족시킬 신 상품을 개발하여 사업을 성장시키는 전략
- 다각화 : 새로운 상품을 통해 새로운 시장을 개척하여 기업을 성장시키는 전략으로 위험도가 높으며 성공 가능성도 가장 낮은 방법

〈앤소프 매트릭스(Ansoff Matrix) 기법 Framework〉

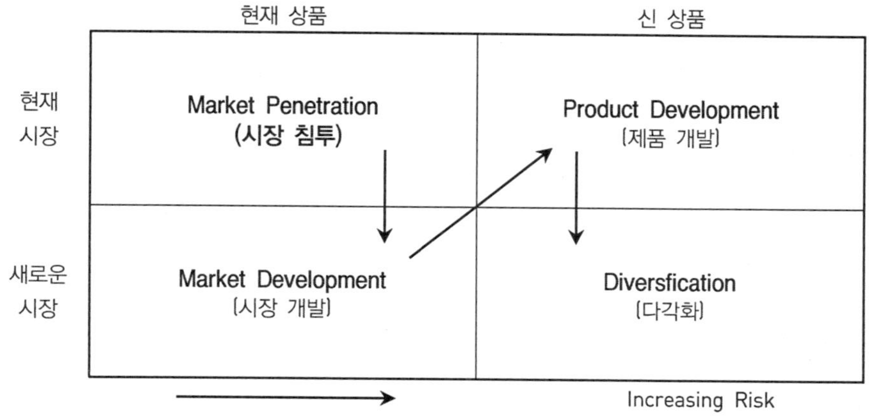

2. 사례

1. 스타벅스의 사업 전략을 앤소프 매트릭스를 적용하여 분석한 사례임.
2. 사업 전략은 크게 시장 침투, 제품 개발, 시장 개발, 다각화의 네 가지 영역에서 다양한 전략들을 찾아낼 수 있었음.

〈스타벅스의 앤소프 매트릭스 적용 사례〉

	현재 상품	신 상품
현재 시장	**시장 침투:** 호텔, 식료품점, 학교, 기업, 구내식당 및 항공사 등으로 진출	**제품 개발:** 샐러드와 새로운 대담한 신선한 점심 프로그램. 예: 피에스타 치킨 샐러드, 과일과 치즈 플래터
새로운 시장	**시장 개발:** 전 세계에 매장을 오픈하고 확장	**다양화:** 음악 CD, 의류, 커피 머그컵, 초콜릿.

3. 적용 방법

1단계:

현재 상품과 시장을 정의하여 사업 확장을 할 대상을 정의함.

2단계:

현재 상품과 현재 시장에서 시장 침투할 수 있는 전략을 개발함.

3단계:

현재 시장에서 새로운 상품을 개발해서 성장할 수 있는 전략을 개발함.

4단계:

현재 상품을 가지고 새로운 시장을 개발할 전략을 개발함.

〈앤소프 매트릭스(Ansoff Matrix)〉

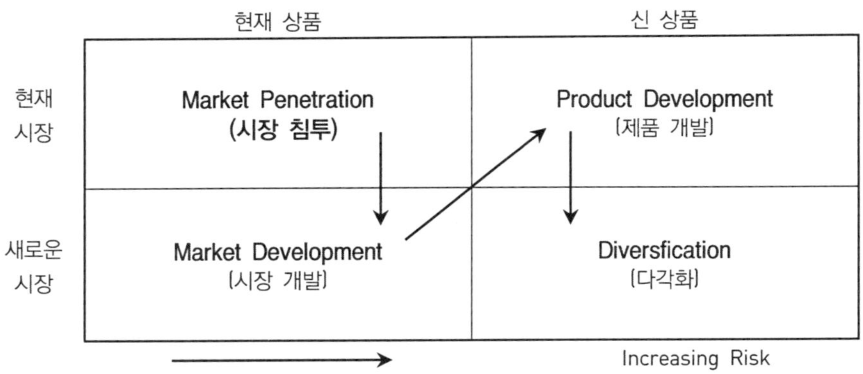

〈전략적 시사점〉

1.

2.

3.

인접영역 확장 지도 기법 05

1. 개념

① 인접영역 확장 지도 기법은 "우리 회사의 핵심 역량을 기반으로 확장해 갈 수 있는 사업 영역은 어디인가?"에 답하는 기법임.

② 인접영역 확장 지도 기법은 Bain&Company 에서 최초 제안했으며, 현재 진행 중인 사업의 형태를 제품, 지역, 가치사슬, 유통채널, 고객 관점 등에 따라서 정의하고, 각 관점별로 변화 가능한 대안들 기술한 지도를 만들면서 새로운 사업 영역을 찾아내는 기법임.

③ 인접영역 확장 지도 기법은 여섯 가지 관점에서 분석해서 성장 방향을 찾아야 한다고 제시하고 있음. 예를 들어서

- 제품 인접 : 신제품, 보완재, 지원 서비스는?
- 지역 인접 : 국내, 인접국가, 글로벌?
- 가치사슬 인접 : 전방 통합, 후방 통합, 아웃소싱?
- 유통채널 인접 : 직영, 모바일?
- 고객 인접 : 신규 고객, 미침투 고객, 현 고객층 세분화?
- 신사업 인접 : 새로운 니즈, 대체재, 신규 BM?

〈인접영역 확장 지도 기법 Framework〉

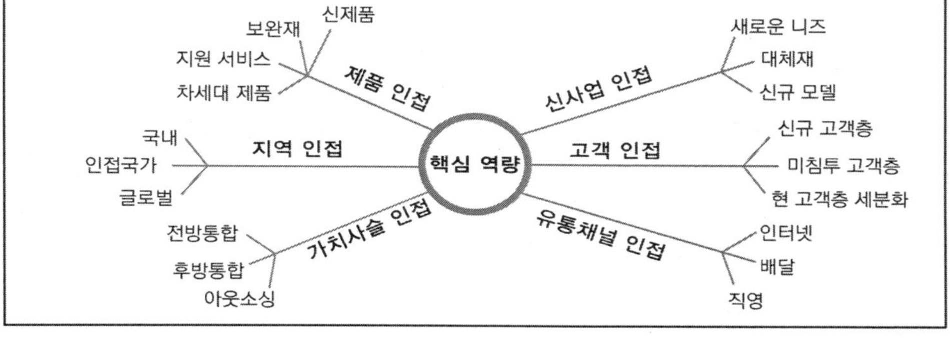

2. 사례

1. 온라인 의류 판매 플랫폼의 인접영역 확장 지도 작성 사례임.
2. 분석 결과, 고객의 니즈가 비슷하되 지역을 확장시켜 일본 진출 사업을 진행하고, 중장기적으로 액세서리 및 명품 의류 사업으로 제품 확장을 하는 방향을 찾아낼 수 있음.

〈온라인 의류 판매 플랫폼 사례〉

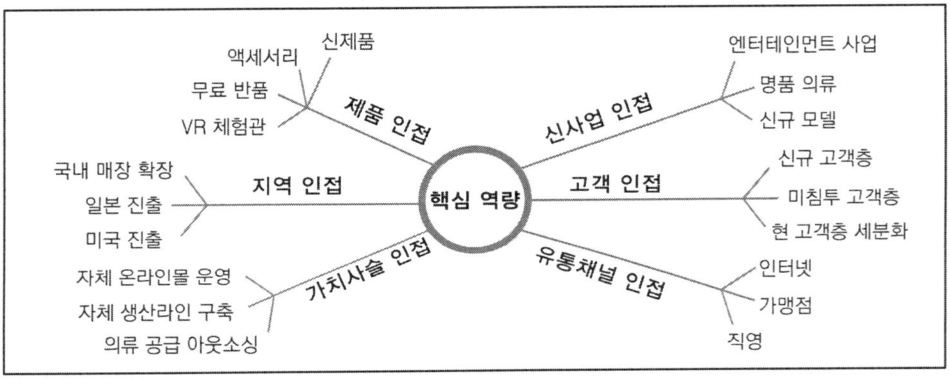

3. 적용 방법

1단계: 인접영역 확장 지도

현재 진행 중인 사업의 형태를 제품, 지역, 가치사슬, 유통채널, 고객, 신 사업 관점 등에 따라 규명하고 각 관점 영역별로 변화 가능한 대안들을 기술함.

2단계: 사업 대안 평가

사업 간 인접 거리와 시장 리더십을 고려하여 사업 대안을 평가함. 각 영역에서 이전과 이후의 주력 영역이 달라지면 낮은 점수를 매김. 모든 조건들이 동일하고 하나만 다를 때 1단계 확장, 두 가지 조건이 달라질 때 2단계 확장이라고 표기함.

〈인접영역 확장 지도 기법〉

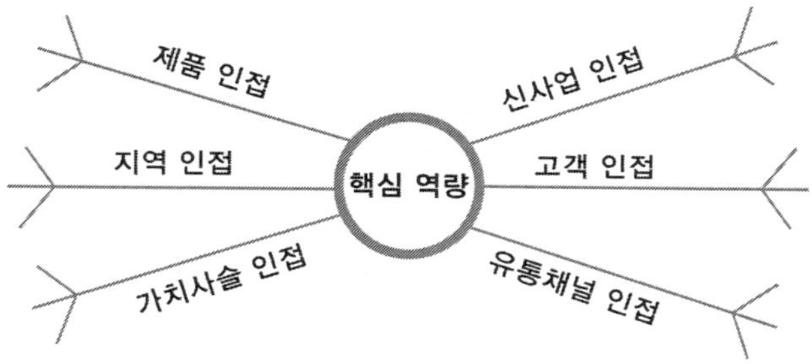

〈전략적 시사점〉

1.

2.

3.

다각화 전략 기법 06

1. 개념

① 다각화 전략은 "우리 회사는 어떤 방향으로 성장해야 하는가?"란 질문에 답을 하는 기법임.

기업이 새로운 성장, 혹은 사업의 영역을 확장할 때 선택할 수 있는 전략적 방향을 제시하는 기법으로, 기업이 성장하기 위해서 다각화할 수 있는 방향은 크게 수직적 통합, 관련 다각화, 비관련 다각화의 세 가지가 있음.

② 다각화 전략의 세 가지 유형의 세부 내용은 다음과 같음.

- 수직적 통합 : 가치사슬 내의 활동들 중 해당 기업이 수행하는 활동의 수를 증가시키는 방법으로 자사를 기준으로 전방 수직적 통합과 후방 수직적 통합으로 나누어짐.
- 관련 다각화 : 현재의 사업 분야와 관련성이 있는 새로운 산업이나 시장으로 진출하는 방법.
- 비관련 다각화 : 기존의 기업 활동과 전혀 관련이 없는 새로운 분야로 진출하는 방법.

〈다각화 전략 기법의 Framework〉

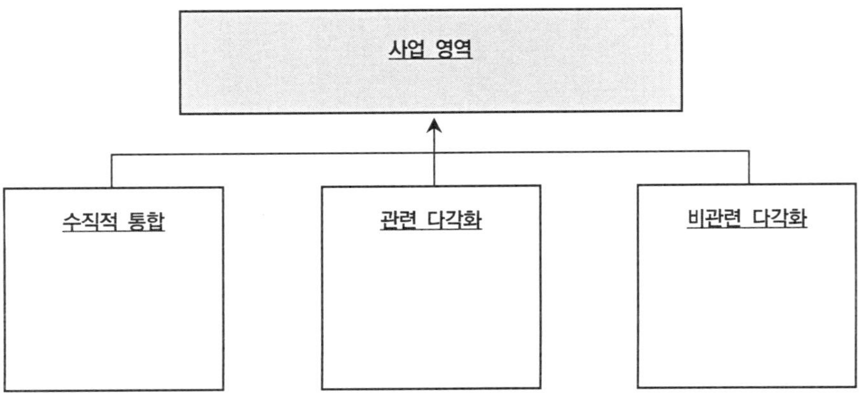

2. 사례

1. 글로벌 패션/잡화 유통회사가 새로운 사업 확장 기회를 다각화 전략 기법을 사용해 탐색한 사례임.
2. 수직적 통합, 관련 다각화, 비관련 다각화의 관점에서 다음과 같이 전략들을 도출하였음.
   - **수직적 통합** : 의류/잡화 공급 방식을 자체 생산으로 전환하고 직영 오프라인 매장을 운영하여 판매 채널을 통합함.
   - **관련 다각화** : 기존 사업 분야와 연관 있는 신사업 분야 3가지를 도출하였음.
   - **비관련 다각화** : 기존 사업 분야와 연관은 없지만 추후 수익성이 크다고 판단되는 영화 제작 사업을 도출함.

〈글로벌 패션/잡화 유통회사 사례〉

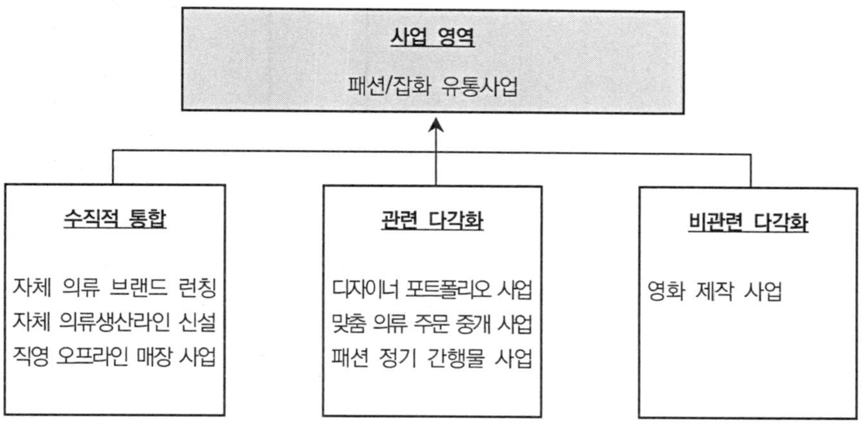

3. 적용 방법

1단계: 다각화 전략 개발

현재 사업 영역을 중심으로 수직적 통합, 관련 다각화, 비관련 다각화 관점에서 다양한 전략을 개발함.

2단계: 전략적 시사점 도출

세 가지 유형의 다각화 전략을 기반으로 전략적 시사점을 도출함.

〈다각화 전략 유형〉

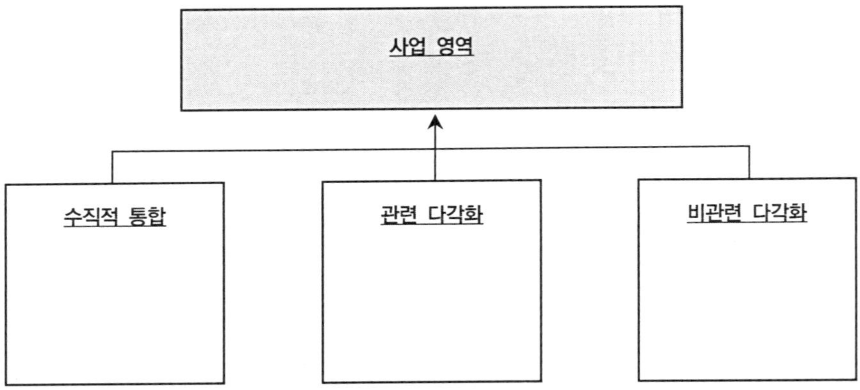

〈전략적 시사점〉

1.

2.

3.

신산업 진출 3단계 분석기법 07

1. 개념

① 신산업 진출의 3단계 분석은 "우리 회사가 신산업에 진출할 때 어떤 단계로 분석해야 하는가?"라는 질문에 답을 하는 기법임.

신산업 진출 3단계 분석기법은 새로운 산업으로 진출 여부를 결정할 때 산업의 매력도, 경쟁우위, 타당성의 3단계로 접근해서 분석하는 기법임.

② 신산업 진출 3단계 분석은 산업 매력도 분석, 경쟁우위 분석, 타당성 분석의 3단계 의사결정으로 구성함.

- 산업의 매력도 분석 : 외부환경, 산업의 환경, 특성, 성장성, 수익성, 산업의 경쟁세력(고객, players, 협력업체, 진입예정자, 대체재), 산업의 가치시스템 등을 분석해서 기회와 위협을 찾아냄.
- 경쟁우위 분석 : 내부환경 분석, 내부 사업 구조, 경쟁우위, 성장 경로, 경영 자원 분석을 통해 강점과 약점을 찾아내야 함.
- 타당성 분석 : 경영목표와 추진전략, 세부계획의 타당성을 분석해야 함.

〈신사업 진출 3단계 분석기법 Framework〉

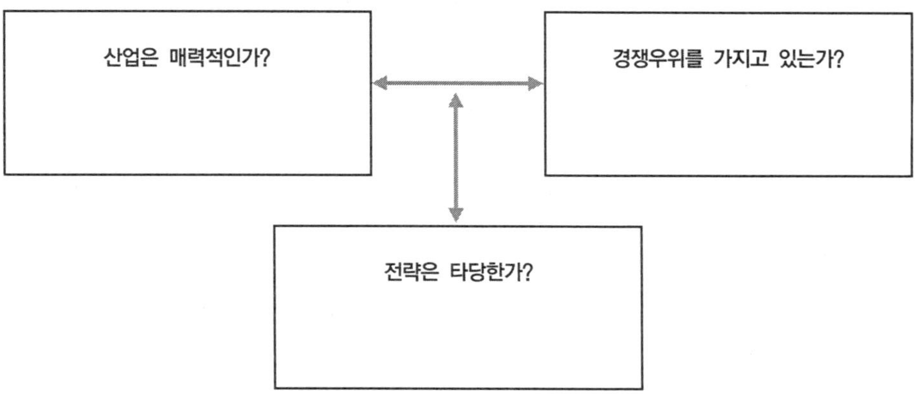

2. 사례

1. 유아용 교육시장이 축소됨에 따라서 새로운 성인 교육 산업으로 진출하기 위해선 분석한 사례임.
2. 제일 먼저, 성인 교육 산업의 환경, 특성, 성장성, 수익성, 고객, players, 협력업체, 진입예정자, 대체재 등의 관점에서 산업의 매력도를 분석한 결과, 성장산업이고 경쟁사가 적은 매력적인 산업으로 평가되었음.

   다음에 경쟁우위의 관점에서 자사의 내부 사업 구조, 경쟁우위, 성장 경로, 경영 자원을 분석한 결과, 충분한 경쟁력을 갖추고 있다고 판단하였음.

   마지막으로 신산업으로 진출하는 목표, 전략, 실행 계획을 수립한 다음 신산업 진출 전략의 타당성을 분석하였음.

〈교육 기업의 신산업 진출 분석 사례〉

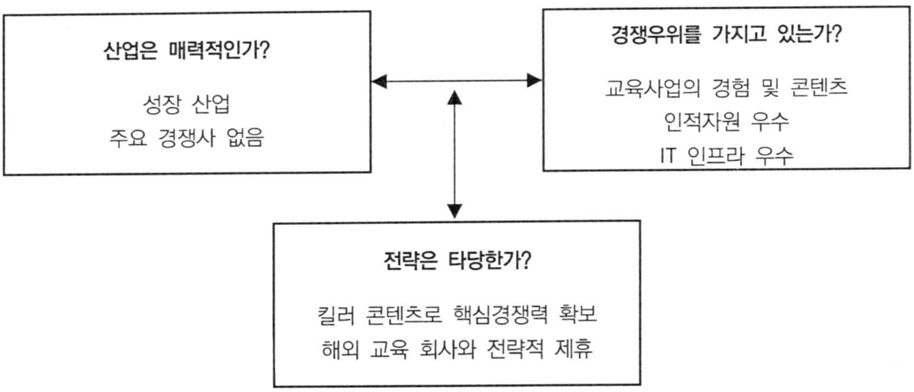

3. 적용 방법

1단계: 산업 매력도 분석

외부환경, 산업의 환경, 특성, 성장성, 수익성, 산업의 경쟁세력(고객, players, 협력업체, 진입예정자, 대체재), 산업의 가치시스템 등을 분석해서 기회와 위협을 찾아냄.

2단계: 경쟁우위 분석

내부 환경 분석, 내부 사업 구조, 경쟁우위, 성장 경로, 경영 자원 분석을 통해서 강점과 약점을 찾아내야 함.

3단계: 타당성 분석

경영 목표와 추진 전략, 세부 계획의 타당성을 분석해 사업의 타당성을 분석해야 함.

〈신사업 진출 3단계 분석기법〉

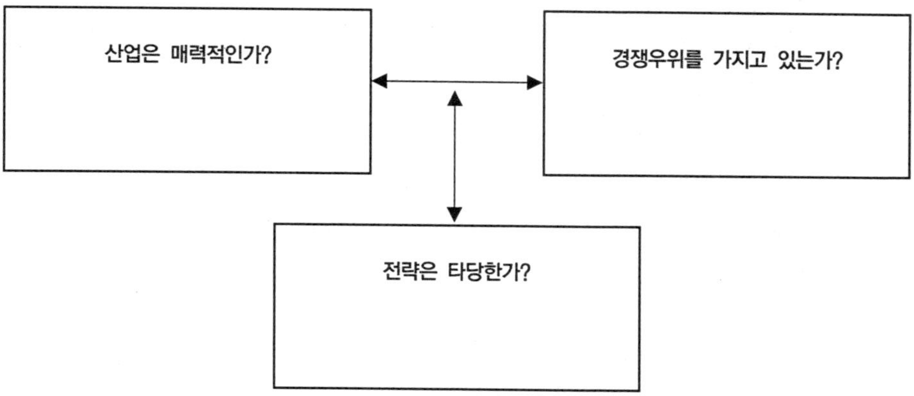

08 전략적 게임보드 분석기법

1. 개념

① 전략적 게임보드 기법은 "우리 회사가 가야 할 전략적 방향은 무엇인가?"라는 질문에 답을 하는 기법임.

전략적 게임보드 기법은 사업 영역을 현재 시장 영역(head-on)과 틈새시장 영역(niche)으로 나누고, 기업의 경영 시스템을 현재 상태(same game)와 새로운 상태(new game)로 나누어서 사업 영역과 기업 경영 시스템의 관점에서 기업 경쟁전략의 방향을 찾아내는 기법으로서, 사업 단위의 전략적 방향을 찾는 데 유익한 방법임.

② 전략적 게임보드 기법은 네 종류의 전략적 방향을 제시해 줌.

- 현 상태 유지 전략(Do More, Better) : 현재의 시장에서 현재 상태의 경영 시스템을 가지고 경쟁하는 전략
- 틈새시장 공략 전략 (Focus on Niche Segmentation) : 틈새시장에서 현재 상태의 경영 시스템을 가지고 경쟁하는 전략
- 새로운 경영 시스템 구축 전략(Better Business Systems) : 현재 시장에서 새로운 경영시스템으로 경쟁하는 전략
- 새로운 경영 시스템/틈새시장 공략 전략(New Game Strategy) : 새로운 틈새시장에서 새로운 경영 시스템으로 경쟁하는 전략

〈전략적 게임보드 분석기법 Framework〉

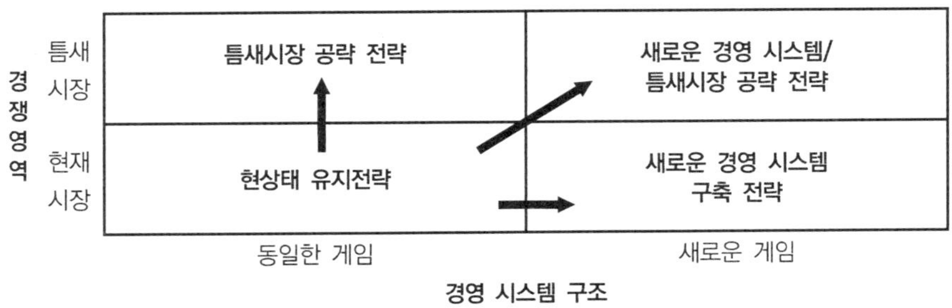

2. 사례

1. 초등 교육시장의 교육 회사가 새로운 전략 방향을 찾는 사례임.
2. 분석 결과, 이 기업이 선택할 수 있는 전략은 크게 네 종류로 나타났음.
   - 현 상태 유지 전략 : 현재 시장에서 Gamification을 융합해서 초중고등 시장에서 경쟁하는 전략
   - 틈새시장 공략 전략 : 현재의 초중고등학교 시장에서 성인 교육시장으로 진출해서 경쟁하는 전략
   - 새로운 경영 시스템 구축 전략 : 현재의 초중고등학교 시장에서 학원 사업을 병행해서 경쟁하는 전략
   - 새로운 경영 시스템으로 틈새시장 공략 전략 : 성인 교육시장으로 진출해서 VOD 형태의 플랫폼으로 경쟁하는 전략

〈교육 기업의 전략적 게임보드 분석 사례〉

	내용	강점과 약점
현 상태 유지 전략	Gamification을 융합해서 현재 초중고등학교 시장에서 경쟁하는 전략	위험이 없음 성장성이 제한적임
틈새시장 공략 전략	현재의 초중고등학교 시장에서 성인 교육시장으로 진출해서 경쟁하는 전략	투자와 위험은 존재하나, 새로운 성장 동력을 찾을 수 있음
새로운 경영 시스템 구축 전략	현재의 초중고등학교 시장에서 학원 사업을 병행해서 경쟁하는 전략	투자와 위험은 존재하나, 수익성을 향상시킬 수 있음
새로운 경영 시스템/ 틈새시장 공략 전략	성인 교육시장으로 진출해서 VOD 형태의 콘텐츠 플랫폼으로 경쟁하는 전략	투자와 위험은 존재하나, 새로운 사업 모델로 큰 성장을 기대할 수 있음

3. 적용 방법

1단계: 현 상태 유지 전략(Do More, Better)

현재의 시장에서 현재 상태의 경영 시스템을 가지고 경쟁하는 전략

2단계: 틈새시장 공략 전략(Focus on Niche Segmentation)

틈새시장에서 현재 상태의 경영 시스템을 가지고 경쟁하는 전략

3단계: 새로운 경영 시스템 구축 전략(Better Business Systems)

현재 시장에서 새로운 경영시스템으로 경쟁하는 전략

4단계: 새로운 경영 시스템/틈새시장 공략 전략(New Game Strategy)

새로운 틈새시장에서 새로운 경영 시스템으로 경쟁하는 전략

〈전략적 게임보드 분석〉

	내용	강점과 약점
현 상태 유지 전략		
틈새시장 공략 전략		
새로운 경영 시스템 구축 전략		
새로운 경영 시스템/ 틈새시장 공략 전략		

성장의 전략적 자유도 기법 09

1. 개념

① 성장의 전략적 자유도 기법은 "우리 회사가 성장하기 위해서 선택할 수 있는 전략은 무엇인가?"란 질문에 답을 하는 기법임. 기업이 성장하기 위한 전략을 수립할 때 선택할 수 있는 일곱 가지 전략적 방향을 제시함. 회사, 사업부 차원의 성장 전략 및 경쟁우위 창출 방법을 수립하는 데 활용함.

② 성장의 전략적 자유도 기법은 기업이 선택할 수 있는 전략적 방향은 기존 산업에서 철수하는 축소 전략(exit strategy · retrench strategy), 현재 상태를 유지하는 안정 전략(stability strategy), 성장하는 전략(growth strategy)의 세 가지로 나누어질 수 있고, 기업이 활용할 수 있는 성장전략은 7가지로 요약됨.

- 기존 고객에 대한 판매 강화 : 기존 고객 대상 판매 확대를 위한 역량 강화 전략
- 새로운 고객의 발굴 : 신규 고객군을 발굴하기 위한 전략
- 신제품과 서비스의 개발과 혁신 : 신제품 및 서비스 개발을 위한 전략
- 가치전달 시스템의 혁신 : 고객에 대한 가치전달 체계의 개선 전략
- 산업구조의 개선 : 산업구조의 변화를 통한 성장 전략
- 새로운 지역으로 확장 : 새로운 시장의 창출 전략
- 새로운 산업 영역으로 진출 : 신규 산업 영역 확대 전략

〈성장의 전략적 자유도 기법 Framework〉

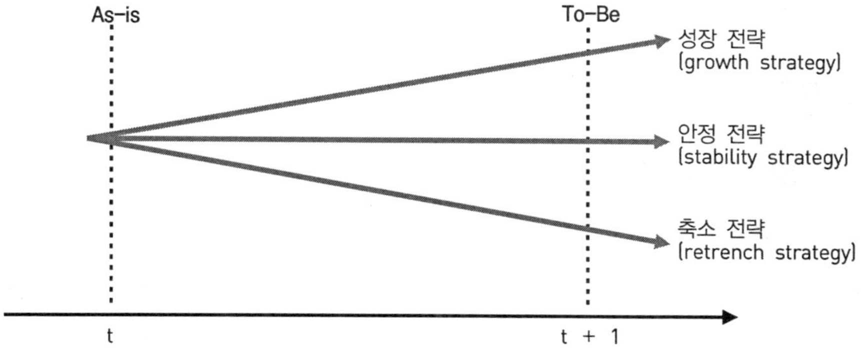

2. 사례

1. 배달 중개 서비스 기업이 선택할 수 있는 성장 전략을 성장의 전략적 자유도 기법을 이용해서 분석한 사례임.
2. 7가지 성장 전략에 따라 전략 방향을 도출하고 현재 자사의 국내 시장 경쟁력, 자원, 법적 문제, 기존 시장과의 충돌 등을 고려하여 7가지 중 5가지의 전략만을 채택하였음.

〈배달 중개 서비스 기업의 성장의 전략적 자유도 분석 사례〉

성장전략	분석 결과	전략의 채택 여부 (Y/N)
1. 기존 고객에 대한 판매 강화	수집된 고객 데이터를 이용한 개인화 마케팅을 통해 지속적인 구매 유도	Y
2. 새로운 고객의 발굴	첫 구매 고객에 대한 대규모 프로모션을 통해 신규 고객 유입 유도	Y
3. 신제품과 서비스의 개발과 혁신	자체 스트리밍 플랫폼을 개발해 인터넷 방송을 보면서 실시간으로 물품을 구매할 수 있는 '라이브 커머스' 도입	Y
4. 가치전달 시스템의 혁신	1주문에 1배달을 제공하는 '총알배송' 시스템 도입	Y
5. 산업구조의 개선	각 지역마다 매장을 두고 생필품, 잡화 등을 구매하면 2시간 안에 배달하는 '장보기' 기능 도입	N
6. 새로운 지역으로 확장	해외 서비스를 시작하여 시장을 확장	N
7. 새로운 산업 영역으로 진출	소상공인을 위한 교육 및 컨설팅 아카데미 사업을 런칭	Y

3. 적용 방법

1단계 : 성장 전략의 타당성 분석

일곱 가지 성장 전략에 대한 타당성을 분석함.

2단계 : 전략의 선택

타당성 분석 결과를 기반으로 실행 가능한 성장 전략을 선택함.

3단계 : 전략 실행 방안 수립

성장 전략에 대한 구체적인 실행 방안을 수립함.

〈성장의 전략적 자유도〉

성장전략	분석 결과	전략의 채택 여부 (Y/N)
1. 기존 고객에 대한 판매 강화		
2. 새로운 고객의 발굴		
3. 신제품과 서비스의 개발과 혁신		
4. 가치전달 시스템의 혁신		
5. 산업구조의 개선		
6. 새로운 지역으로 확장		
7. 새로운 산업 영역으로 진출		

〈전략 실행 방안〉

1.

2.

3.

본원적 경쟁전략 기법 10

1. 개념

① 본원적 경쟁전략은 "우리 회사가 어떤 경쟁전략을 선택해야 하는가?"란 질문에 답을 하는 기법임.

경쟁 범위와 경쟁 방식에 따라 기업이 선택할 수 있는 본원적 전략을 원가우위, 차별화, 집중화전략으로 분류하여 경쟁전략을 수립하는 기법임. 경쟁사 대비 경쟁전략 및 경쟁우위를 확보하기 위한 핵심역량이 무엇인지 분석할 수 있고, 장기적 관점에서 확보해야 할 핵심 역량의 방향을 제시할 수 있음.

② 본원적 경쟁전략은 3종류로 나누어짐.

- 원가우위전략(cost leadership) : 넓은 시장에서 경쟁기업보다 낮은 가격의 제품을 공급하는 전략으로 경쟁우위 지속을 위해서는 비용구조를 줄일 수 있는 새로운 방법을 지속적으로 추구해야 함.
- 차별화전략(differentiation) : 넓은 시장에서 독특하고 차별화된 제품과 서비스를 제공하는 방법으로 모방에 대비하여 유형적 요소보다는 무형적 요소(브랜드, 서비스 등)의 차별화에 대한 노력이 필요함.
- 집중화전략(focus) : 좁은 경쟁 영역(틈새시장)에서 원가 우위 혹은 차별화 우위를 추구하는 전략으로 특정 시장과 고객에 대한 전문화된 차별화나 원가선도를 위한 지속적 노력이 필요함.

〈본원적 경쟁전략의 Framework〉

경쟁 범위	저원가	차별화
넓음	원가우위 Cost Leadership	차별화 Differentiation
좁음	원가 집중화 Cost Focus	차별적 집중화 Differentiation Focus

경쟁 방식

2. 사례

1. 화장품 산업에 진출하려고 하는 한 기업의 경쟁전략을 수립한 사례임.
2. 먼저 화장품 사업의 경쟁 범위 관점에서 경쟁 범위를 좁혀서 20대~30대 여성 고객을 대상으로, 기초 화장품 시장으로 영역을 한정함. 또한 화장품 사업의 경쟁 방식의 관점에서 원가 우위와 차별화전략 관점에서 원가우위전략을 시장에서 성공 가능성이 높은 전략으로 판단하였음.
   따라서 이 회사의 본원적 경쟁전략은 집중화를 통한 원가우위전략으로 정의할 수 있음.

〈화장품 회사의 경쟁전략〉

경쟁 범위 \ 경쟁 방식	저원가	차별화
넓음	원가우위	차별화
좁음	원가 집중화 20-30대 여성의 기초 화장품 시장 동일한 품질을 제공, 저원가로 경쟁	차별적 집중화

3. 적용 방법

1단계: 경쟁범위 분석

각 사업부별로 시장을 세분화하고 목표시장을 분석해서 경쟁 범위를 파악함.

2단계: 경쟁방식 분석

목표시장 내에서 경쟁우위를 창출하기 위한 경쟁방식을 분석함.

3단계: 경쟁전략 선택 및 시사점 도출

경쟁범위와 경쟁방식에 대한 분석을 기반으로 각 사업부별로 가장 적합한 경쟁전략을 선택하고 전략적 시사점을 도출함.

다양하고 창의적인 경영전략을 개발할 수 있음.

〈본원적 경쟁전략〉

경쟁 범위	저원가	차별화
넓음	**원가우위** Cost Leadership	**차별화** Differentiation
좁음	**원가 집중화** Cost Focus	**차별적 집중화** Differentiation Focus

경쟁 방식: 저원가 — 차별화

〈전략적 시사점〉

1.

2.

3.

가치넷 분석기법 11

1. 개념

① 가치넷 분석기법은 "우리 회사는 누구와 협업을 하느냐?"라는 질문에 답을 하는 기법임. 산업 내 주요 경쟁세력들 간의 경쟁 관계와 협조 관계를 분석해서 혁신적인 경영 전략을 수립할 수 있는 프레임을 제시하는 기법으로서, Brandenburger(1996)에 의해서 개발되었음.

② 가치넷 분석기법은 고객과 협력사를 수직 축에, 경쟁자와 대체재/보완재를 수평 축에 놓고, 각 경쟁세력들의 니즈, 가치, 힘, 이해관계 등을 체계적으로 분석하면서 구성원들에게 보다 많은 가치를 제공할 수 있는 win/win 전략 등 다양하고 창의적인 경영 전략을 개발할 수 있음.

〈가치넷 분석기법의 Framework〉

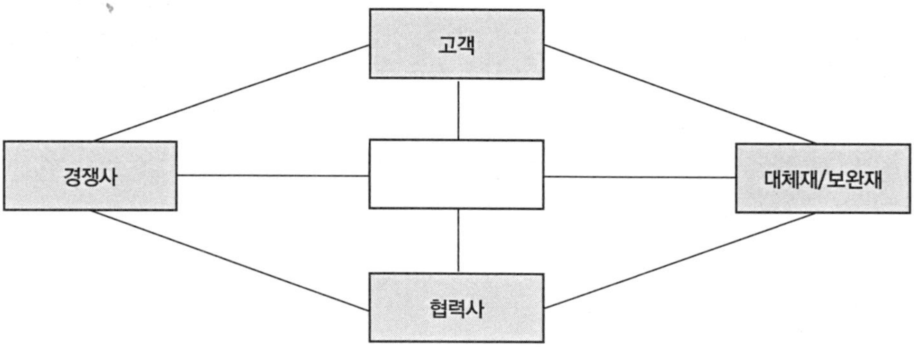

2. 사례

1. 가치넷 기법을 사용해서 대학의 전략적 파트너를 분석한 사례임.
2. 치열한 경쟁 환경에 놓인 대학이 가치넷 분석을 통해서, 경쟁사인 경쟁 대학, 대체재 및 보완재인 산업 교육 회사, 협력사인 고등학교, 고객인 기업을 분석하였음.

   그 결과 경쟁대학들과는 공동으로 온라인 창업교육 플랫폼 'Erline-Campus'를 구축하였고, 고객사 기업과 기업 MBA 교육 과정을 공동으로 운영하기로 하였음.

   또한 VOD 콘텐츠를 공급하는 산업 교육 회사는 MOU를 맺어서 대학에서 공급할 수 있는 콘텐츠를 공동개발하고, 동시에 산업 교육 회사의 VOD 콘텐츠를 대학에 활용하는 전략을 수립하였음.

〈가치넷의 Framework〉

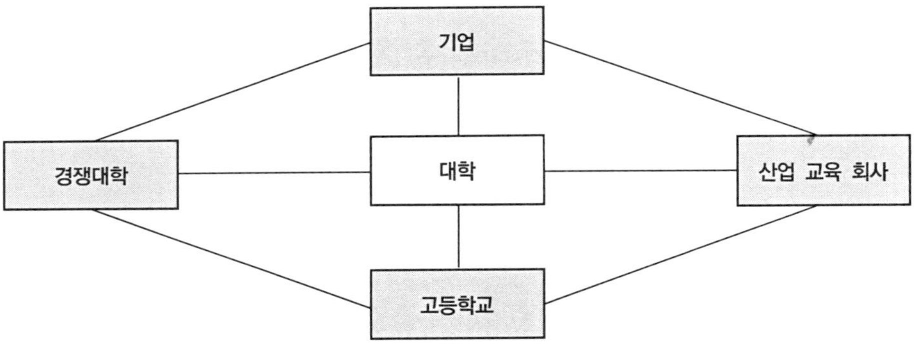

3. 적용 방법

1단계: 고객과 협력사 관계 분석

고객과 협력사를 수직축에 놓고 관계를 분석

2단계: 경쟁사와 대체재 및 보완재관계 분석

경쟁사와 대체재 및 보완재를 수평축에 놓고 관계를 분석

3단계 전략적 협업 관계 분석

네 개의 산업 내 경쟁세력들을 다양한 측면에서 분석해서 단기적으로 자사만을 위한 경영 전략이 아니라, 경쟁세력들이 상호 이익을 얻을 수 있는 win/win 전략을 개발

〈가치넷 분석기법〉

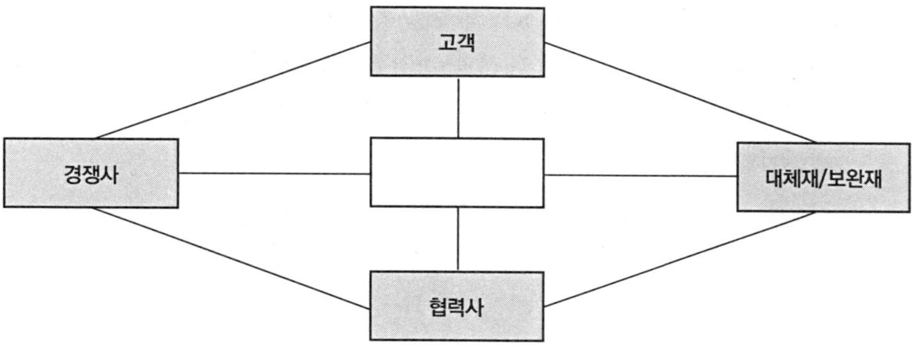

12 핵심성과지표 기법

1. 개념

① 핵심성과지표는 “우리 회사의 성과를 관리하는 지표는 무엇인가?”란 질문에 답을 하는 기법임. 핵심성과지표 기법은 기업이 달성하고자 하는 목표를 구체적인 관리 지표로 정의하고 수치로 정량화시켜서 체계적으로 성과를 관리하는 방법으로서 기업 차원의 KPI와 기능별 KPI로 나누어짐.

KPI를 활용하면 전사적 성과 및 각 기능별 성과를 정량적으로 모니터링할 수 있기 때문에 경영성과를 체계적으로 관리할 수 있고, 기능별 KPI와 기업 차원의 KPI 간의 인과관계를 분석하여 경영 문제 발생 시 문제의 원인을 추적하고 해결할 수 있음.

② 핵심성과지표는 기업 차원의 KPI와 기능별 KPI로 분류됨.

- 기업 차원의 KPI : 기업의 비전과 경영목표를 달성하기 위해서 전사 차원에서 종합적으로 관리해야 할 성과들을 의미하며 매출액, 시장점유율, 당기순이익, 브랜드 인지도 등이 포함됨.
- 기능별 KPI : Value Chain 내에서 활동하는 마케팅 · 생산 운영 · HR · 재무 회계 등 각 기능들의 성과를 구체화시킨 것으로 판매량 · 생산량 · 원가 · 직원 수 · 기말 현금 등이 포함됨.

〈핵심성과지표 기법의 Framework〉

기업의 비전과 목표

↑

기업 차원의 KPI

↑

기능별 KPI

2. 사례

1. 제조 회사의 성과를 관리하기 위한 핵심성과지표를 도출한 사례임.
2. 기업, 마케팅, 생산운영, HR, 재무 관점에 따라 기능별 성과지표를 도출하였음.

〈핵심성과지표〉

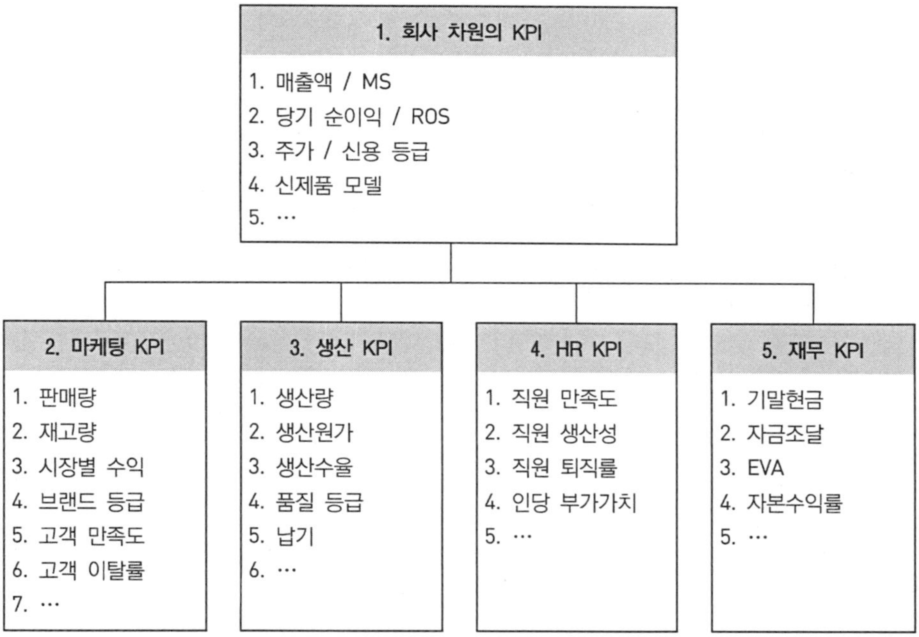

3. 적용 방법

1단계: 비전과 목표 분석

자사가 추구하고자 하는 비전과 목표를 분석함.

2단계: 기업 차원의 KPI 도출

기업 차원에서 관리해야 할 KPI를 도출하고 정량적 성과 목표를 설정함.

3단계: 기능별 KPI 도출

각 기능별로 관리해야 할 KPI를 도출하고 정량적 성과 목표를 설정함.

4단계: 연계성 및 타당성 점검

기업 차원의 KPI와 기능별 KPI 간의 연계성과 성과 목표의 타당성을 점검함.

〈핵심성과지표〉

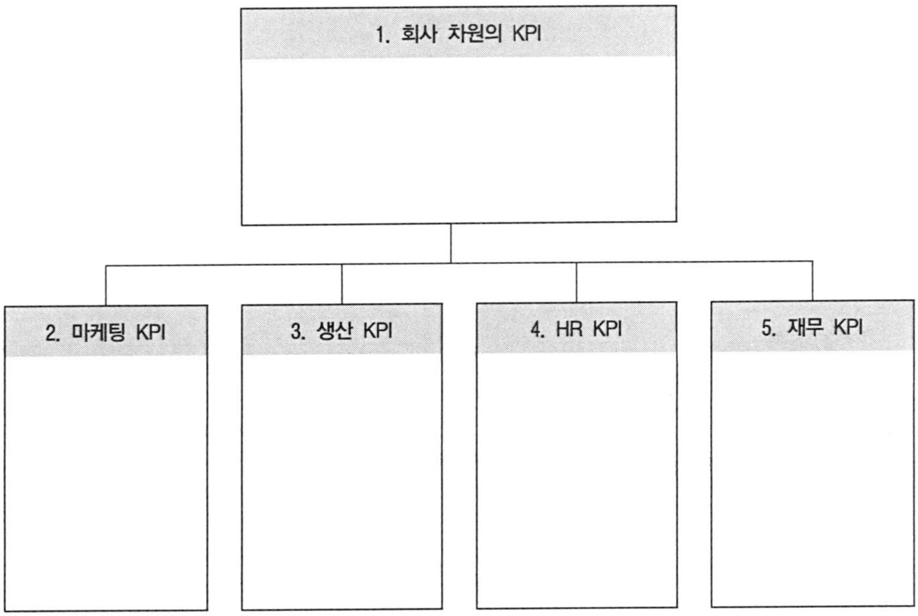

균형성과표 기법 13

1. 개념

① 균형성과표는 "우리 회사 성과를 전사적으로 관리하고 선순환으로 성장할 수 있는 방법은 무엇인가?"란 질문에 답을 하는 기법임.

재무적 지표관리에만 집중된 기존 성과관리 방식의 문제점을 개선하기 위해 학습과 성장 · 내부 프로세스 · 고객 · 재무 등 보다 다양한 관점에서 균형 잡힌 성과를 관리하기 위한 방법으로서, 'Balanced Score Card'라고 함.

학습과 성장 관점에서 출발하여 최종적으로 재무적 관점까지의 경영의 인과관계를 분석해서 경영의 선순환 프로세스를 찾아낼 수 있음.

② 균형성과표 기법은 조직의 비전과 전략을 달성하기 위해 수행해야 할 핵심적인 사항을 인과관계 중심의 측정 가능한 형태로 바꾼 성과지표의 집합으로 네 가지 영역으로 나누어짐.

- **학습과 성장 관점** : 기업의 지속적 가치 창출과 미래 성장을 위해서 관리해야 할 지표
- **내부 프로세스 관점** : 경영 프로세스의 최적화 및 생산성 향상 등을 위해 관리해야 할 지표
- **고객 관점** : 지속적인 고객가치 창출과 차별화를 위해서 관리해야 할 지표
- **재무 관점** : 경영활동의 결과로서 주주들에게 제시할 재무적 차원의 수익, 성장 등에 관한 관리 지표

〈균형성과표의 Framework〉

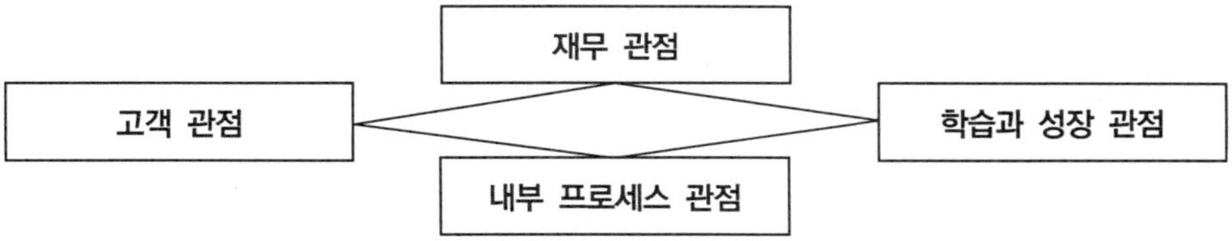

2. 사례

1. 제조업체의 성과지표를 BSC 기법을 통해 도출한 사례임.
2. 먼저 자사가 추구하는 전략 과제를 학습과 성장 관점, 내부 프로세스 관점, 고객 관점, 재무 관점으로 나누었음.

   그다음, 전략과제를 달성할 수 있는 성과지표를 수립하고 각각의 목표치를 수립하였음.

   마지막으로, 목표치의 타당성, 성과지표와 전략과제와의 연계성 등을 검토하여 성과지표를 확정하였음.

〈제조업체의 BSC 분석 사례〉

전사 전략과제

직원 역량 강화
신 기업 문화 정착

학습과 성장 관점	
직무 교육 이수시간	60 시간
이직률	1.2%
학습모임 수	10개

QCS 강화
신규 사업 업무 지원
생산 효율성 제고

내부 프로세스 관점	
원자재 기한 내 조달	1.3일
단위당 생산량	300,000
요청 기한 내 완성도	3.2일

고객 만족도 제고
브랜드 인지도 제고

고객 관점	
사회공헌 활동 추진 건수	10건
매장 내 교육 실시 건수	15건
고객만족도(CSI)	97.8

영업이익 200억

재무 관점	
영업 이익 달성률	20%
자산 운용 수익률	10%

3. 적용 방법

1단계: 비전과 목표 및 전략 분석

자사가 추구하고자 하는 비전과 목표 및 경영전략을 분석함.

2단계: 성과지표 개발

학습과 성장, 내부 프로세스, 고객, 재무관점에서 관리해야 할 성과지표를 개발함.

3단계: 타당성 점검

인과관계와 지표 간의 균형에 중점을 두고 타당성을 평가함.

〈균형성과표 분석〉

학습과 성장 관점	

내부 프로세스 관점	

고객 관점	

재무 관점	

PART 05

혁신 및 차별화

[혁신 및 차별화 기법 체계도]

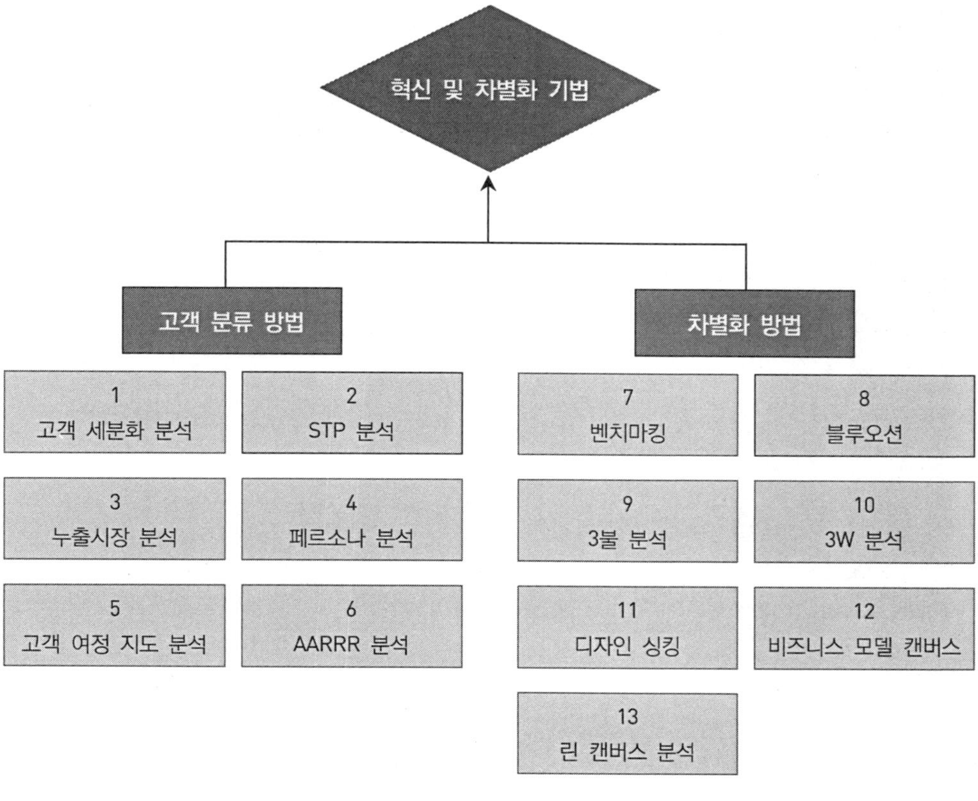

[혁신 및 차별화 기법 - 13개]

번호		기법	주요 질문
고객 분류 방법	1	고객 세분화 분석기법	우리가 진출하고 있는 고객들은 어떤 특성을 가지고 있는가?
	2	STP 분석기법	우리가 진출해야 하는 목표시장에서 경쟁 위치는 어디인가?
	3	누출시장 분석 기법	우리가 놓치고 있는 시장을 어떻게 확보할 것인가?
	4	페르소나 기법	우리 제품/서비스를 구매하는 대표적인 고객 모습은 무엇인가?
	5	고객 여정 지도 기법	우리 고객은 제품과 서비스를 어떻게 인지, 고려, 구매, 재구매하고 있는가?
	6	AARRR 해적지표 기법	우리 제품과 서비스의 고객들의 생애주기는 무엇인가?
	7	벤치마킹 기법	우리 회사의 혁신을 위해서 비교하고 배워야 할 대상은 누구인가?
	8	블루오션 기법	우리 회사가 경쟁사 대비 차별화할 수 있는 가치를 창출할 수 있을까?
차별화 방법	9	3불 분석기법	우리 회사 제품과 서비스를 사용하는데 고객 관점에 숨어 있는 니즈는 무엇인가?
	10	3W 분석기법	우리 회사의 제품과 서비스를 혁신할 수 있는 방안은 무엇인가?
	11	디자인 싱킹 기법	우리 회사가 새로운 제품과 서비스를 신속하게 개발할 수 있을까?
	12	비즈니스 모델 캔버스 기법	우리 회사의 신규 사업 모델을 어떻게 수립할 수 있는가?
	13	린 캔버스 기법	우리의 비즈니스 모델은 어떻게 수립해야 하는가?

고객 세분화 분석기법 01

1. 개념

① 고객 세분화 분석은 “우리 회사의 고객 특성은 무엇인가?”란 질문에 답을 하는 기법임.

차별화된 제품과 서비스 개발을 위해 고객들을 여러 집단으로 분류해서 집단별로 고객 특성과 니즈를 분석하고, 세분화된 고객군들이 주는 기회와 위협을 분석해서 목표고객을 선정하고 그에 맞는 제품 및 서비스 개발, 마케팅 전략 수립 등에 활용하는 기법임.

② 고객 세분화 분석기법은 먼저 세분화 기준을 선정하고, 고객들을 분류한 후에 고객 특성을 분석해야 함.

- 세분화 기준 : 성별, 나이, 지역, 소득 수준 등 고객들을 이질적인 서로 다른 특성으로 분류할 수 있는 기준을 의미하며, 다양한 세분화 기준을 찾아낼수록 고객 니즈와 특성을 세분화하는 데 도움이 됨.
- 상세 분류 기준 : 남녀, 20대 미만, 수도권과 비수도권 등 세분화 기준 내에서 고객들의 유형을 더 다양하게 분류할 수 있는 특성들을 의미함
- 고객 특성 분석 : 다양한 분류 기준에 따라 고객 segmentation별로 특성을 분석하고, 대응방안을 수립함.

〈고객 세분화 분석기법의 Framework〉

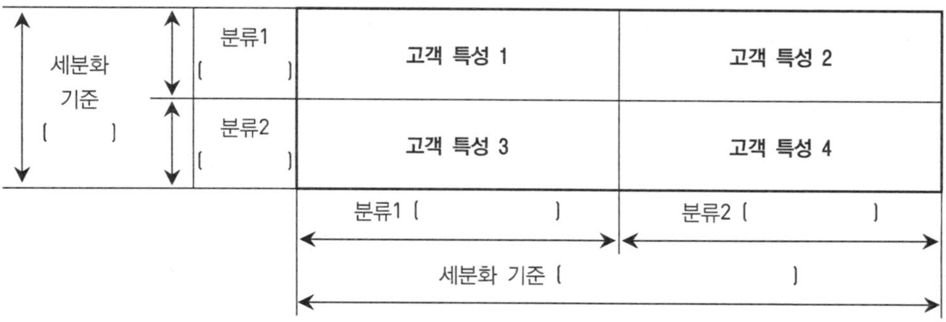

2. 사례

1. 본 사례는 카드 회사가 자사의 카드 상품이 갖고 있는 혜택을 프로모션하기 위해 고객 세분화 기법으로 분석한 사례임.
2. 고객을 성별과 연령대에 따라 세분화하고, 각 고객층의 관심사에 맞게 맞춤형 프로모션 광고를 노출하여 최소 비용으로 최적의 결과를 얻을 수 있었음.

〈카드사의 고객 세분화 분석 사례〉

세분화 기준 (성별)		분류1 (20대)	분류2 (30대)	분류3 (40대)
	분류1 (남성)	**관심사: 여행, 스포츠**	**관심사: 캠핑**	**관심사: 골프**
	분류2 (여성)	**관심사: 여행, 뷰티**	**관심사: 패션**	**관심사: 건강**

세분화 기준 (연령대)

3. 적용 방법

세부화 기준 선정

해당 산업의 고객들을 분류할 수 있는 세분화 기준과 상세 분류기준을 설정함.

고객 특성분석 및 목표고객 선정

분류된 고객들의 특성을 분석하고, 자사의 목표고객을 선정함.

시사점 도출

고객 세분화 과정과 목표고객 선정에 따른 전략적 시사점을 도출함.

〈고객 세분화 분석〉

세분화 기준 [ ]	분류1 [ ]		
	분류2 [ ]		
		분류1 [ ]	분류2 [ ]
		세분화 기준 [ ]	

목표고객 = ( )

〈전략적 시사점〉

1.

2.

3.

STP 분석기법

02

1. 개념

① STP 분석은 "우리가 진출해야 하는 목표시장에서 positioning을 어떻게 할 것인가?"란 질문에 답을 하는 기법임.

목표시장을 여러 세부 시장으로 세분화해서, 세분화된 시장의 매력도를 분석하고, 표적시장을 선정한 후, 자사 제품의 위치를 결정하는 기법이자, 시장 및 마케팅 전략의 출발점임.

STP 분석기법은 기업이 진출하고자 하는 목표시장을 선정하고, Positioning을 하는 데 매우 중요한 전략 수립 기법임. 예를 들어, 화장품 목표시장의 선정, 자동차 목표시장의 선정, 전자제품 목표시장의 선정 등에 유용함.

② STP 분석기법은 Segmentation, Targeting, Positioning 등을 통해서 시장을 선정함.

- Segmentation : 목표시장을 지리적 · 인구통계학적 · 구매 행동 · 추구하는 가치 등의 요인 등을 이용해서 세분화한 다음 세분 시장의 매력도를 시장 크기와 규모 · 성장성 · 수익성 · 경쟁 강도 · 자사와의 적합성 등의 관점에서 평가함. 세분화 기준은 측정 가능성 · 수익성 · 접근 가능성 · 차별적 반응 등의 관점에서 선택.
- Targeting : 세분화된 시장의 매력도를 분석한 다음에는 각 세분 시장에서 자사의 경쟁우위가 확보될 수 있는지, 경쟁우위가 확보될 수 있는 시장이 어떻게 성장 발전할 것인지를 분석해야 함. 다음에 세분 시장을 평가해서 순위를 결정한 후 표적시장을 결정함.
- Positioning : 표적시장 내에서 경쟁자와 경쟁하기 위해서 자사의 제품, 가격, 촉진, 채널 등을 조합해서 자사 제품의 위치를 결정해야 함.

2. 사례

1. 본 사례는 성인 교육 회사가 시장에 진출하기 위해서 활용한 STP 분석 사례임.
2. 성인 교육시장을 크게 기업 교육시장, 공무원 교육시장, 대학 교육시장으로 분류하고 시장별 규모, 경쟁 강도, 경쟁력의 관점에서 3개 시장을 분석하여, 기업 교육시장을 선정하였음.

   최종적으로 기업 교육시장에서 단순하게 듣는 교육이 아닌 시뮬레이션 형태의 Digital Twin 교육시장에 진출하고 그에 맞는 교육 상품을 개발하기로 하였음.

〈성인 교육시장 진출 사례〉

단계		특성
1. Segmentation	세분화 시장 1	기업 교육시장
	세분화 시장 2	공무원 시장
	세분화 시장 3	대학 교육시장
2. Targeting		기업 교육시장
3. Positioning		실습과 참여 중심의 Web 기반의 경영시뮬레이션 교육시장 고품질/고비용의 교육시장으로 진출

3. 적용 방법

Segmentation

목표시장을 세분화해서 각 세분화된 시장의 매력도를 평가함.

Targeting

세분시장을 평가해서 순위를 결정한 후 표적시장을 결정함.

Positioning

표적시장 내에서 자사의 제품, 가격, 촉진, 채널 등을 조합해서 자사 제품의 위치를 결정함.

〈STP 분석〉

단계		특성
1. Segmentation	세분화 시장 1	
	세분화 시장 2	
	세분화 시장 3	
2. Targeting		
3. Positioning		

〈전략적 시사점〉

1.

2.

3.

누출시장 분석 기법

03

1. 개념

① 누출시장 분석(Market Leakage Analysis)은 "우리가 놓치고 있는 시장을 어떻게 확보할 것인가?"라는 질문에 답하는 기법임.

② 누출시장 분석 기법은 전체 시장을 기업이 점유하고 있는 시장과 점유하고 있지 못한 누출 시장으로 세분화한 다음에, 누출 시장의 원인을 분석해서 시장 점유율을 높이고 성장을 할 수 있는 방안을 수립하는 기법임.

③ 기업의 누출시장과 점유시장은 제공하는 제품과 서비스 종류, 유통 채널, 경쟁 상황 등에 따라 아래의 다섯 가지 시장으로 분류됨.

- Latent Market : 가격이나 품질, 서비스 등에서 고객의 니즈에 대응할 만한 제품을 공급하지 못한 숨어 있는 시장
- Ignored Market : 고객은 존재하나 제품이나 서비스의 공급이 미치지 못해 잃고 있는 시장
- Lost Market : 경쟁사와 치열하게 경쟁 중에 있으나 빼앗기고 있는 시장
- Winning Market : 경쟁사와 치열하게 경쟁하여 차지하고 있는 시장
- Captive Market : 충성고객이나 독점력을 통해 확보하고 있는 시장으로 계열사와 같은 내부 고객 시장

〈누출시장 분석 Framework〉

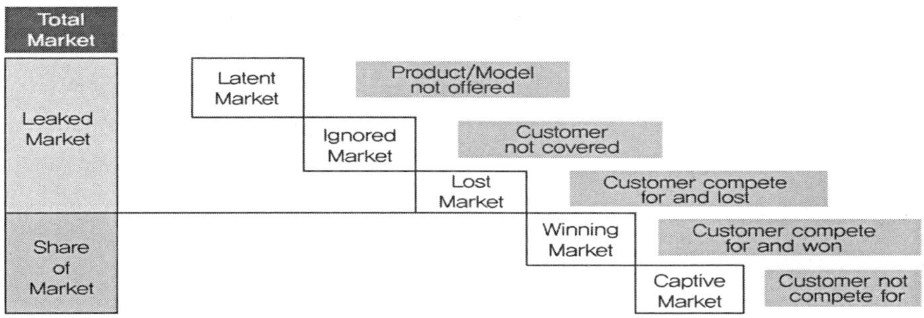

자료: K. Ohmae, The Mind of Strategist 참고 후 재가공.

2. 사례

노트북을 전문적으로 생산하는 ㈜하얀전자는 중국시장에서 자사의 시장 점유율이 지속적으로 하락하고 있는 것을 확인하고 누출 시장분석을 실시하여 대응 방안을 수립하기로 하였음.

- 1단계: 우선, ㈜하얀전자가 중국 노트북 시장에서 차지하는 비율을 분석해서 점유 시장과 누출 시장의 규모를 추정하였음 중국 노트북 시장 규모는 총 630만 대로 파악되었음. 그 중 하얀전자는 약 190만 여대를 판매해 30% 정도의 시장점유율을 기록했음. 이를 토대로 누출시장이 70%를 차지하고 있음을 알 수 있었음.
- 2단계: ㈜하얀전자의 누출 시장과 점유 시장의 비율을 추정하고, 각 시장의 원인을 분석하였음 제일 먼저, 누출 시장 중 Latent market은 고급 노트북 시장으로서, 하얀 전자는 고급 노트북의 High-end 제품을 보유하고 있지 못하기 때문에 이 시장에 대해서 대응을 하지 못하고 있었음. 누출 시장 중 두 번째인 Ignored market은 중국 서부 지역으로 현지 유통 채널이 없어서 노트북을 공급할 수 없는 시장이었음. 누출 시장 중 세 번째 시장인 Lost market의 중저가 시장에서는 중국 현지 제품들에 비해서 가격 차별화에 실패해서 경쟁사들에게 밀리고 있는 시장이었음.

구분	세부시장	세부비율	주요 원인	대응방안
누출시장 (70%)	Latent Market	15%	High-end 노트북 생산 부재	고가 제품 생산의 장기적 투자 R&D 투자 확대로 기술격차 극복
	Ignored Market	35%	유통 채널 부재	서부 지역 전문유통 업체와의 계약
	Lost Market	20%	가격 경쟁력 약화	지속적 비용 절감과 SCM개선
점유시장 (30%)	Winning Market	25%	브랜드 차별화	광고비 지출 확대, 이벤트 확대
	Captive Market	5%	한국 교포들의 충성 구매	지속적 관계 유지

- 3단계: 누출 시장을 분석한 다음에 하얀 전자가 점유하고 있는 시장에 대해서 분석하였음. 먼저, 경쟁사와 치열하게 경쟁하고 있는 중 저가시장에서 10-20대 고객들을 목표 고객으로 한류 스타를 앞세운 마케팅 전략에서 큰 성공을 거두었음. 이 시장은 Winning Market으로 볼 수 있음. 점유 시장 중 한국 유학생 및 교포들은 고객 브랜드인 하얀 전자의 노트북을 널리 구입하고 있었고, 이들 시장들은 Captive Market으로 볼 수 있음.

- 4단계: 분석된 원인들을 토대로 세부 시장에서의 대응 방안을 수립하였음. 누출시장에서는 먼저, Latent Market 공략을 위해 고가 제품 생산을 위한 장기적 설비 투자와 R&D 투자 확대로 기술격차 극복해 나가기로 하였음. 또 Ignored Market의 원인인 서부지역 유통 채널의 부재에 대응하기 위해 서부 지역의 전문 유통채널들과의 계약을 통해서 고객들에게 제품을 공급하기로 하였음. 경쟁사와 가장 치열하게 경쟁하고 있지만 실패하는 Lost Market에서는 주요 원인인 가격 경쟁력 약화를 개선하기 위해 비용절감 노력을 지속하며 SCM을 전반적으로 개선하여 물류 비용과정에서 드는 불필요한 비용들을 최소화하기로 하였음. 점유시장에서는 먼저, 브랜드 차별화를 통해 경쟁에서 이기고 있는 Winning Market의 강화를 위해 한류스타를 앞세운 광고를 확대하고 각종 이벤트를 지속해 나가기로 하였음. 또한 5%를 차지하고 있는 Captive Market을 위해 CRM을 강화하여 교포들과의 지속적 관계를 유지해 나가기로 하였음. 이러한 과정을 종합하여 Market Leakage Chart를 이용해 도해화하였음.

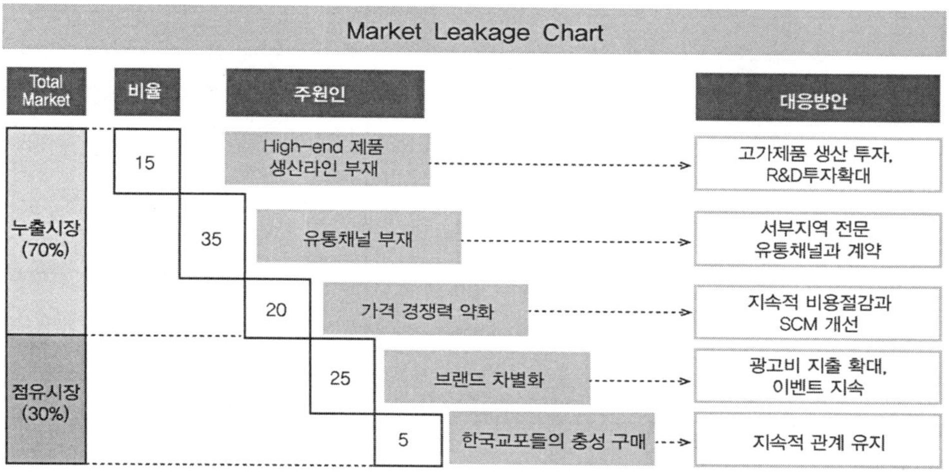

3. 적용 방법

1단계:

전체시장을 누출시장과 점유시장으로 분류하고, 각 시장의 비율을 분석함.

2단계:

누출시장을 세 종류의 시장으로 세분화한다. 세 종류의 시장은 경쟁사와 경쟁을 하고 있으나 잃고 있는 시장(Lost Market), 유통채널 부족 때문에 접근하고 있지 못한 시장(Ignored Market), 제품과 서비스가 없어서 잃고 있는 시장(Latent Market)으로 분류한 다음에 각 시장의 구성 비율과 원인을 분석함.

3단계:

점유시장을 두 종류의 시장으로 세분화함. 두 종류의 시장은 경쟁사와 경쟁을 하고 있으나 확보하고 있는 시장(Winning Market), 경쟁사가 경쟁할 수 없는 확보된 시장(Captive Market)으로 분류한 다음에 각 시장의 구성 비율과 원인을 분석함.

4단계:

점유시장과 누출시장에서 분석된 각 원인들을 토대로 시장점유율 향상을 위한 대응 방안을 수립함.

누출시장 분석(Market Leakage Analysis)

<table>
<tr><th>구분</th><th>주원인</th><th>비율</th><th>대응방안</th></tr>
<tr><td rowspan="3">누출시장
(%)</td><td></td><td></td><td></td></tr>
<tr><td></td><td></td><td></td></tr>
<tr><td></td><td></td><td></td></tr>
<tr><td rowspan="2">점유시장
(%)</td><td></td><td></td><td></td></tr>
<tr><td></td><td></td><td></td></tr>
</table>

페르소나 기법 04

1. 개념

① 페르소나 기법은 "우리 회사의 제품/서비스를 구매하는 대표적인 고객 모습은 무엇인가?"라는 질문에 답하는 기법임.

② 페르소나 기법은 어떤 제품 혹은 서비스를 사용할 만한 목표 인구 집단 안에 있는 다양한 사용자 유형들을 대표하는 "가상의 인물" 페르소나(persona)를 의미함. 즉, 마케팅에서 "페르소나를 설정한다."는 것은, 브랜드의 이미지를 나타낼 수 있는 구체적인 개성을 지닌 "가상의 인물"을 설정하는 것을 의미하는 것으로서, 고객의 행동 패턴, 선호, 목표 등을 분석하고, 이를 토대로 가상의 인물을 만드는 과정임.

③ 페르소나 기법은 고객 데이터 수집, 페르소나 생성, 페르소나 검증 등의 과정으로 설정함.

〈페르소나 기법 Framework〉

페르소나 명 (personas)	이름 (Name)
배경(직업, 직무)	
인구통계(남성/여성, 연령, 지역, 소득)	
특징(선호도, 태도)	
목표(1차 목표, 2차 목표)	
도전(1차 도전, 2차 도전)	
우리가 무엇을 도울 것인가?	
실제 인용 사례	
공통된 이의 제기	
마케팅 메시지	
엘리베이터 피치(Elevator Pitch)	

2. 사례

1. 본 사례는 비투엘소프트 경영시뮬레이션 교육 솔루션을 구매할 대상을 페르소나 기법으로 설정함.
2. 먼저 경영시뮬레이션 교육 시장을 TAM,SAM,SOM 시장분석 기법으로 조사하고, 페르소나 기법으로 잠재고객을 설정함.
3. 경영시뮬레이션 교육 고객을 페르소나 가설을 바탕으로 예시를 작성함.

〈페르소나 기법 활용한 사례〉

페르소나 명 (personas)	Sally (name)
배경(직업, 직무)	• A회사 교육 담당자, 현재 차장 직급을 가지고 있음
인구통계(남성/여성, 연령, 지역, 소득)	• 35세, 여성, 연봉 4,000만원 받고 있음
특징(선호도, 태도)	• 주도적인 성격, 도전정신이 뛰어남, 교육에 관심이 많음
목표(1차 목표, 2차 목표)	• 몰입하는 교육을 선호, 팀 빌딩 수업을 선호
도전(1차 도전, 2차 도전)	• 교육을 통한 신입사원들의 전사적 관리하고 싶어함
우리가 무엇을 도울 것인가?	• 경영시뮬레이션 게임 체험 학습을 통한 경영관리 전사적 차원에서 이해시켜 줌
실제 인용 사례	• 경영에 대한 전반적인 업무를 이해시키는 것은 매우 어려움
공통된 이의 제기	• 경영시뮬레이션 교육이 교육 만족도에 효과 있는가?
마케팅 메시지	• 경영시뮬레이션 교육은 교육 몰입에 효과적임
엘리베이터 피치(Elevator Pitch)	• 경영시뮬레이션 교육은 팀 빌딩에 최고의 교육 프로그램임

3. 적용 방법

1단계:

기업의 제품/서비스를 파악함.

2단계:

기업의 제품/서비스를 구매 할 고객을 배경, 인구통계, 특징, 목표, 도전, 공통된 이의 제기, 엘리베이터 피치 등으로 페르소나를 설정함.

3단계:

페르소나를 1, 2 가상 인물로 설정하고 피드백 후 최적의 고객을 설정함.

〈페르소나 기법〉

<table>
<tr><td rowspan="11">000 [35, 가정주부]
</td><th>페르소나 명
(personas)</th><th>000
(name)</th></tr>
<tr><td>배경(직업, 직무)</td><td>•</td></tr>
<tr><td>인구통계(남성/여성, 연령, 지역, 소득)</td><td>•</td></tr>
<tr><td>특징(선호도, 태도)</td><td>•</td></tr>
<tr><td>목표(1차 목표, 2차 목표)</td><td>•</td></tr>
<tr><td>도전(1차 도전, 2차 도전)</td><td>•</td></tr>
<tr><td>우리가 무엇을 도울 것인가?</td><td>•</td></tr>
<tr><td>실제 인용 사례</td><td>•</td></tr>
<tr><td>공통된 이의 제기</td><td>•</td></tr>
<tr><td>마케팅 메시지</td><td>•</td></tr>
<tr><td>엘리베이터 피치(Elevator Pitch)</td><td>•</td></tr>
</table>

고객여정지도 기법 05

1. 개념

① 고객여정지도 기법은 "우리 고객은 제품과 서비스를 어떻게 인지, 고려, 구매, 재구매하고 있는가?"라는 질문에 답하는 기법임.

② 고객여정지도 기법은 기업의 제품과 서비스에 관련된 모든 접점에서의 사용자 여정을 시각화한 지도임.

③ 고객 여정지도 기법은 4개 구성 요소를 가지고 있음.

- 고객 여정을 구분할 수 있는 단계.
- 단계별로 고객이 행동하거나 경험할 수 있는 핵심 행위
- 단계에 따른 고객의 감정의 파고(높고/낮음)
- 개선과제/해결방안

〈고객여정지도 기법 Framework〉

페르소나	목표
이름: 나이: 직업(직책):	1. 2. 3.

STAGE	인지	고려	구매	재구매
터치포인트				
행동(user)				
반응(User)	↗	↘	↗	↘
기회				

2. 사례

1. 본 사례는 20/30여성이 lush(바디워시 제품) 구매 고객여정맵을 통해 이용 고객의 재사용과 개선점을 확인한 사례임.
2. 먼저 lush 제품에 대한 인지, 경험, 제품 구매, 재구매 등 각 단계별 터치포인트, 행동, 반응, 기회 등을 나누어 설명함.
3. 각 단계별로 문제점을 확인하고 개선점을 찾고 제품을 재구매하도록 함.

〈고객여정지도 기법 활용한 사례〉

페르소나(persona)

이름: 강xx
나이: 20/30 여성
직업:

시나리오(scenario)

1. 오프라인 매장에서 바디워시 제품을 구매
2.
3.

STAGE	인지	제품 첫 경험(고려)	제품 구매(이용)	재 구매(사용)
터치포인트 (TOUCH POINT)	오프라인 매장 입구	매장 내의 세면대/매대	집 욕실	오프라인 매장
행동 (DOING)	향기를 맡음 다양한 제품을 발견	적극적인 직원들의 도움으로 모든 제품을 마음껏 시도 친환경/동물복지/공정거래 메시지 읽음 비싼 가격에 주저	제품 매일 사용 패키지를 매일 확인 유통기한 확인 얼마 남지 않음	기존 사용 제품 이름으로 다른 제품 구매 새로운 프로모션 참여함
반응 (THINKING)	향기가 좋다 바디워시가 필요한데 다른 향은 뭐가 있을까?	제품이 좋다. 직원들 서비스가 좋다 제품이 비싸다 향기가 강하다	"향이 좋다" "제품에 대한 신뢰가 간다" "유통기한이 너무 짧다"	이전 제품 사용 후 재구매
기회 (OPPORTUNITY)	테스트 사용 마음껏 제품을 사용함 사람들의 시선을 사로잡음	친환경, 동물 복지 인증 제품 향이 덜 강하고 저렴한 제품 소개	제품을 통해 브랜드 인지도를 높임 유통기한 짧은 것을 통해 친환경 제품임을 인식	향기에 대한 충성도로 다른 제품 개발

3. 적용 방법

1단계:

페르소나를 통해 가상고객을 설정하고, 가상 시나리오를 통해 각 단계별(stage)로 구분함.

2단계:

각 단계(stage)별로 인지, 경험, 구매, 재구매 단계별로 정의하고, 가로축에 터치포인트, 행동, 반응, 기회를 설명함.

3단계:

단계별 행동과 반응을 통해 문제점을 찾고 새로운 기회를 발견해서 재구매(사용)로 이어지게 함.

〈고객여정지도 기법〉

페르소나

이름:
나이:
직업:

목표

1.
2.
3.

STAGE	인지	경험(고려)	제품 구매(이용)	재구매(사용)
터치포인트 (TOUCH POINT)				
행동 (DOING)				
반응 (THINKING)				
기회 (OPPORTUNITY)				

AARRR 해적지표 기법 06

1. 개념

① AARRR 해적지표 기법은 “우리 제품과 서비스의 고객들의 생애주기는 무엇인가?”라는 질문에 답을 하는 기법.

② AARRR 해적지표 기법은 AARRR은 서비스를 접하고 이용하는 고객층을 나누는 5가지 단계를 말하며, 각각 획득(Acquisition), 활성화(Activation), 유지(Retention), 수익(Revenue), 추천(Referral) 5단계로 구성되어 있음.

데이브 맥클루어가 개발한 분석 프레임워크로 “해적지표(Pirate Metrics)”라고도 불리는 이유는 사용자의 생애주기가 해적의 여정과 유사하다고 생각해서 붙인 이름임. AARRR 해적지표는 시장 초기 단계에 맞춰서 특정한 지표를 중심으로 우리 서비스의 현주소를 파악할 수 있는 효과적인 분석 기법임.

③ AARRR 기법은 5 단계 분석 과정을 거쳐서 진행함.

- 유치(Acquisition) : 어떻게 서비스를 처음 접하는가?
- 활성화(Activation) : 서비스를 이용할 때 긍정적인 경험을 제공하는가?
- 사용자 유지(Retention) : 이후의 서비스 재사용/재방문을 하는가?
- 수익(Revenue) : 최종 수익으로 연결되고 있는가?
- 자발적 추천(Referral) : 사용자가 자발적으로 공유를 일으키는가?

〈AARRR 해적지표 Framework〉

	Acquisition (인지)	Activation (활성화)	Retention (사용자 유지)	Revenue (수익)	Referral (자발적 추천)
평가	어떻게/얼마나 서비스를 접하는지	긍정적인 경험을 제공하는지	서비스 재사용/재방문율은 어떤지	수익으로 연결되는지	자발적 공유를 일으키는지
지표					
목표					
전략					

2. 사례

1. 본 사례는 비투엘소프트의 경영 시뮬레이션 교육 서비스를 이용하는 고객을 AARRR 프레임워크를 이용하여 분석하고 마케팅 전략을 수립한 예시임.
2. 비투엘소프트의 경영 시뮬레이션 교육은 온라인 서비스라고 보긴 어렵지만 교육까지 이어지기 위한 과정을 AARRR지표를 이용해 마케팅 전략을 수립 할 수 있음.
3. 각 5가지 지표에 맞춰 핵심 지표를 설정하고 이에 대한 목표와 전략을 수립함.

〈AARRR 해적지표 사례〉

	Acquisition (인지)	Activation (활성화)	Retention (사용자 유지)	Revenue (수익)	Referral (자발적 추천)
평가	어떻게/얼마나 서비스를 접하는지	긍정적인 경험을 제공하는지	서비스 재사용/재방문율은 어떤지	수익으로 연결되는지	자발적 공유를 일으키는지
지표	홈페이지 방문수 / 블로그 조회수 / 교육 문의 연결률	블로그 반응수 / 교육 문의 연결률	체류시간 / 재방문율 / 회원 유지	교육 수강	없음
목표	일 100 이상	연결률 10%	3분 / 80% / 탈퇴 1% 미만	월 5회	없음
전략	홍보&광고 콘텐츠 활성화	교육문의 상시노출 정보 콘텐츠 데모 제공	정보 콘텐츠 / 커뮤니티 형성	홍보&광고& 후기 콘텐츠	후기 콘텐츠

3. 적용 방법

1단계: 각 AARRR 단계에 맞춰 고객 단계를 정의함.

2단계: 각 단계의 평가 관점에 맞춰 지표를 설정함.

3단계: 각 지표를 측정 가능한 환경을 구축하고 이에 대한 목표치를 설정함.

4단계: 각 지표 향상을 위한 마케팅 전략을 수립함.

〈AARRR 프레임워크〉

	Acquisition	Activation	Retention	Revenue	Referral
평가	어떻게/얼마나 서비스를 접하는지	긍정적인 경험을 제공하는지	서비스 재사용/재방문율은 어떤지	수익으로 연결되는지	자발적 공유를 일으키는지
지표					
목표					
전략					

〈전략적 시사점〉

1.

2.

3.

벤치마킹 기법 07

1. 개념

① 벤치마킹은 "우리 회사의 혁신을 위해서 비교하고 배워야 할 대상은 누구인가?"란 질문에 답을 하는 기법임. 벤치마킹 기법은 동종 업계나 타 업계에서 상위권에 있는 기업의 경영 성과나 경영 지표를 자기 회사와 비교해서 문제와 기회를 찾아내고, 이를 해결하기 위한 방안을 수립함.

벤치마킹 대상 혹은 경쟁사와 비교 분석을 통해서 강점과 약점을 찾아내 변화와 혁신의 기회를 찾아낼 수 있음.

② 벤치마킹 기법의 '벤치마크(benchmark)'는 기존에 건축과 토목 분야에서 유래하여 높낮이를 정확히 나타내는 측량의 기준점을 의미하는 단어였음. 본래 Xerox에서 개발되었고 이후 GE에서 Best Practice로 발전했음.

〈벤치마킹 기법의 Framework〉

벤치마킹 대상 선정	벤치마킹 하고자 하는 기업 선정
벤치마킹 항목 선정	벤치마킹 하고자 하는 항목을 선택
자사 비교 분석	벤치마킹 대상과 자사를 비교 분석
문제와 기회 도출	비교 분석 결과를 기초로 문제와 기회를 도출

2. 사례

1. 본 사례는 A 대학이 대학 발전을 위해서 경쟁 대학들을 벤치마킹 한 사례임.
2. 제일 먼저 벤치마킹하고자 하는 대학을 선정하고, 교육 여건, 교수 연구, 학생 교육 성과, 평판도 영역에서 경쟁 대학과 비교 평가하였음.

   그 결과 모든 영역에서 A 대학은 뒤지고 있음을 알게 되었고, 동시에 벤치마킹 대학으로부터 많은 것을 배우고 혁신의 기회를 삼을 수 있었음.

영역	지표명	A대학		경쟁대학 평균		경쟁 대학 평균 대비
		실값	점수(A)	실값평균	점수 평균(c)	점수 차이
교육 여건 영역	1.전임교원확보율	84.5	4.23	82.04	3.31	0.92
	2.등록금대비 장학급지급률	20.49	6.17	22.00	6.65	-0.48
	3.강의규모	1.31	3.78	1.10	1.44	2.34
	4.등록금대비 교육비지급률	226.45	3	231.98	2.61	0.38
	5.세입대비기부금	0.84	0.62	2.02	2.08	-1.46
	6.기숙사수용률	26.88	5.13	17.91	2.63	2.50
	7.학생당 도서자료구입비	201.00	4.27	171.11	3.66	0.61
	8.외부경력교원비율	90.00	2.94	69.80	2.16	0.78
	9.외국인교수비율	9.40	2.75	6.93	1.95	0.80
	10.학위과정등록 외국인학생비율	0.09	6.05	0.10	6.22	-0.17
	11.외국인학생의 다양성	0.53	0.05	1.38	2.69	-2.64
	12.외국대학 학점교류	6.13	5.45	0.06	5.27	0.18
교수 연구 영역	13.교수당 외부연구비	1.36	11.16	0.99	8.31	2.85
	14.교수당 자체 연구비	1.17	5.84	1.01	5.08	0.76
	15.교수당 국제학술지 논문	0.91	5.02	1.08	6.21	-1.19
	16.국제학술지 논문당 피인용	0.59	14.52	0.55	12.34	2.17
	17.인문사회 교수당 국내논문	0.65	0.30	1.00	2.50	-2.20
	18.인문사회 국내 논문당 피인용	1.08	6.08	1.04	5.43	0.64
	19.인문사회 교수당 저역서	0.64	1.32	0.86	2.10	-0.78
	20.과학기술 교수당 기술이전수입액	8,731	3.75	10984.88	3.79	-0.04
	21.과학기술 교수당 산학협력수익	73,869	7.09	53411.88	5.58	1.52
	22.기술이전건당 수입액	12,809	0.51	28085.67	0.94	-0.04

영역	지표명	A대학		경쟁대학 평균		경쟁대학 평균 대비
		실값	점수(A)	실값평균	점수 평균(c)	점수 차이
학생 교육 성과 영역	23.순수취업률	1.04	9.94	1.10	12.14	1.52
	24.유지취업률	0.99	8.41	1.04	13.21	-0.43
	25.중도포기율	0.03	6.99	0.03	6.53	-2.20
	26.외국학생중도포기율	5.89	0.7443	3.78	1.29	-4.79
	27.창업지원 및 성과(5부문합계)		8.17		5.73	0.46
	28.창업교육비율	20.0	7.00	17.09	5.78	-0.55
	29.현장실습 참여학생비율	2.90	10.00	1.38	5.77	2.45
평판도 영역	30.기업 신입사원 선발 선호 대학		1.55		5.12	1.22
	31.교사 입학 추천 대학		0.94		4.81	4.23
	32.학부모의 자녀 진학 선호 대학		1.47		2.48	-3.57
	33.BPI지표		4.33		5.75	-3.87

3. 적용 방법

1단계: 벤치마킹 대상 선정

벤치마킹 하고자 하는 기업을 선정

2단계: 벤치마킹 항목 선정

벤치마킹 하고자 하는 항목을 선택

3단계: 자사 비교 분석

벤치마킹 항목을 중심으로 벤치마킹 대상과 자사를 비교 분석

4단계: 문제와 기회 도출

비교 분석 결과를 기초로 문제와 기회를 도출

〈벤치마킹 기법〉

항목	벤치마킹 대상	자사	GAP 분석을 통한 문제와 기회

08 블루오션 기법

1. 개념

① 블루오션 기법은 “우리 회사가 경쟁사 대비 차별화할 수 있는 가치를 창출할 수 있을까?”란 질문에 답을 하는 기법임. 경쟁자가 없는 새로운 시장(Blue Ocean)을 창출해서 경쟁을 피하고 새로운 수요를 창출하기 위한 가치혁신 전략임. 고객 가치 관점에서 산업 내 경쟁 기업들과 상대적 비교를 통해 자사의 강점과 약점을 분석할 수 있고, ERRC의 방식을 적용해 경쟁전략 수립을 위한 insight를 얻을 수 있을 뿐 아니라 새로운 비즈니스 모델과 시장을 창출할 수 있는 아이디어를 얻을 수 있음.

② 블루오션 기법은 고객 가치 분석을 기반으로 ERRC(제거, 증가, 감소, 창조) 방법을 적용하여 새로운 가치를 창출하기 위한 경쟁전략을 수립하게 됨.

- 제거(Eliminate) : 업계에서 당연하게 받아들이는 요소 중 제거해야 할 가치 요소
- 증가(Raise) : 가치곡선 중에서 업계의 표준 이상으로 증가시켜야 할 가치 요소
- 감소(Reduce) : 가치곡선 중에서 업계의 표준 이하로 내려야 할 가치 요소
- 창조(Create) : 업계가 아직 제공해보지 못한 것 중 창조해야 할 가치 요소

〈블루오션 기법의 Framework〉

2. 사례

1. 스마트 기기를 생산 판매하는 기업의 혁신 및 차별화전략을 찾기 위해서 블루오션 기법을 적용한 사례임.
2. 가격, 품질, 기능 다양성, 디자인, 고객 서비스 관점에서 3개 경쟁사와 비교분석하였고, 경쟁사의 제품 및 서비스에 비해 비교적 높은 경쟁력을 확보하고 있으나, 고객 서비스 부분에 대한 개선이 필요함.

   이를 기반으로 ERRC기법을 활용해 차별화 방안을 찾아 본 결과, 디자인 및 사용자 편의성 강화, 판매 채널의 다변화 및 새로운 방식의 마케팅 및 홍보가 필요한 것으로 나타났음.

〈전략 캔버스〉

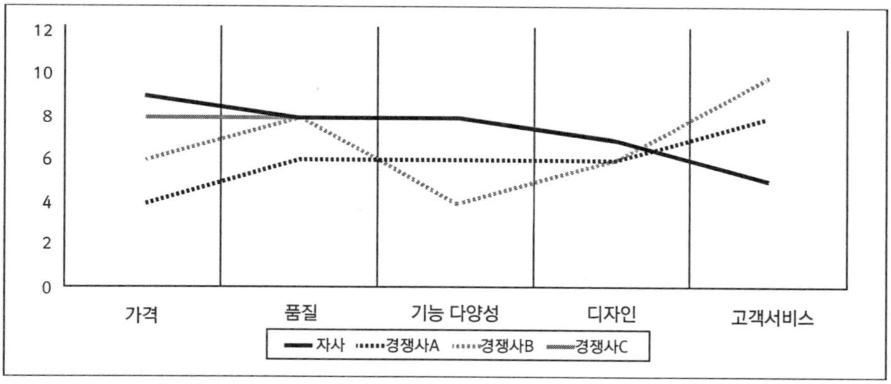

〈스마트 기기 블루오션 분석 사례〉

Eliminate (제거)	Raise (증가)
1. 불필요한 기능을 제거	1. 디자인 강화 2. 사용자 편의성 강화
Reduce (감소)	**Create (창조)**
1. 고객 제공 서비스 수준 감소 2. 불필요한 기능 제거로 기능의 다양성 감소	1. 커스터마이징을 통해 개성 표현 2. 친환경 부품으로 환경보호 가치 제공

3. 적용 방법

전략 캔버스 작성

전략 캔버스를 활용하여 해당 산업에서 고객들에게 제공하는 핵심적인 가치요소가 무엇인지를 찾아내고 자사와 경쟁사들의 가치 곡선을 비교 분석함.

ERRC 적용

자사의 전략적 위치에 따른 강점과 약점을 기반으로 ERRC의 키워드를 적용하여 경쟁력 강화를 위한 아이디어를 도출함.

〈전략 캔버스〉

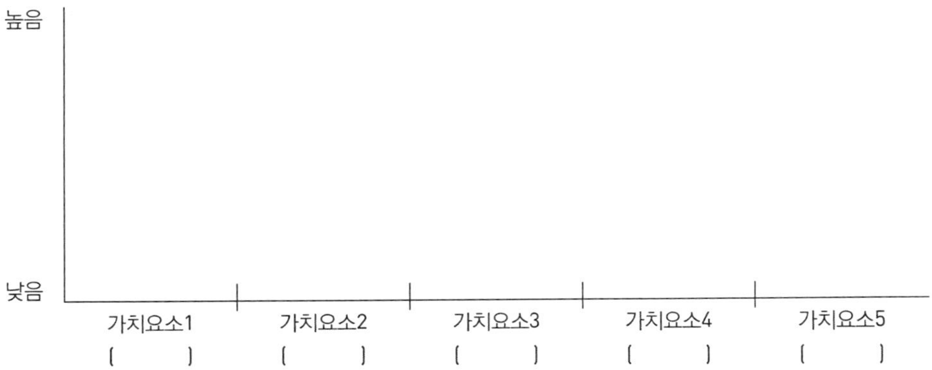

〈ERRC 프레임워크〉

Eliminate (제거)	Raise (증가)
Reduce (감소)	**Create (창조)**

3불 분석기법 09

1. 개념

① 3불 분석은 “우리 회사 제품과 서비스를 사용하는데 고객 관점에 숨어 있는 니즈는 무엇인가?”란 질문에 답을 하는 기법임.

고객이 가진 3不(불편함, 불균형, 불일치)을 찾아내, 새로운 문제와 기회를 찾아내고 고객이 가진 니즈를 정확하게 충족시키기 위해 사용하는 분석기법으로서 한양대학교 김상수 교수가 개발함.

고객들의 숨어 있는 불편, 불균형, 불일치를 찾아내어 문제점과 개선 방안을 도출하고, 혁신 기회를 찾을 수 있어 고객 세분화 분석 다음 수행하기에 적합함.

② 3불 분석기법은 세 가지 관점에서 고객 니즈를 분석함.

- 불편함(inconvenience) : 고객이 제품과 서비스를 구입 및 활용하는 과정의 어려움을 의미
- 불균형(unbalance) : 고객이 원하는 것과 기업이 제공하는 것 사이의 차이를 의미
- 불일치(incongruity) : 고객이 원하는 것과 기업이 제공하는 것이 서로 전혀 맞지 않음을 의미

〈3불 분석의 Framework〉

불편함	고객의 불편함 개선 방안 수립
	↓
불균형	고객의 불균형 개선 방안 수립
	↓
불일치	고객의 불일치 개선 방안 수립

2. 사례

1. 창업 교육시장에 진출하려는 스타트업 기업이 시장에서 고객 니즈를 분석한 사례임.
2. 고객의 불편함, 불균형, 불일치 관점에서 나타나는 문제들을 찾아내고, 그에 대한 해결방안을 찾아보았음.

〈창업 교육의 3불 분석 사례〉

	내용	해결 방안
고객의 불편함 (inconvenience)	이론 중심의 지루한 교육	참여하는 자기 주도형 교육
	대면 교육만 진행	비대면 방식의 혼자 혹은 팀 방식의 교육
고객의 불균형 (unbalance)	창업 교육은 시간이 많이 걸림	단기간에 창업 경영 역량 향상 필요
	이론 중심의 교육 제공	실무 중심의 교육 필요
고객의 불일치 (incongruity)	기존 창업 교육은 BM 및 사업계획 교육 중심	창업 전 프로세스를 포함한 교육 필요
	창업자 경영 역량을 향상할 교육 없음	경영 역량을 향상할 수 있는 교육 필요

3. 적용 방법

고객 정의

자사의 제품과 서비스의 목표고객을 정의함.

불편함 분석

고객들이 제품과 서비스를 구입 및 활용하는 과정의 불편함을 분석

불균형 분석

고객들이 원하는 양과 제품, 서비스가 제공하는 양 간의 불균형을 분석

불일치 분석

고객들이 원하는 것과 기업이 제공하는 제품과 서비스 간의 차이를 분석

개선 방안 제시

3불 분석을 통해서 개선해야 하는 문제점을 찾아내고 혁신 방안을 제시

〈3불 분석〉

	내용	해결 방안
고객의 불편함 (inconvenience)		
고객의 불균형 (unbalance)		
고객의 불일치 (incongruity)		

3W 기법 10

1. 개념

① 3W 기법은 "우리 회사의 제품과 서비스를 혁신할 수 있는 방안은 무엇인가?"라는 질문에 답을 하는 기법임. 대상 고객(who, whom), 사용 상황(when, where), 제품 효용(what)의 관점에서 고객 니즈를 찾아내고 혁신하는 기법임.

3W 기법의 핵심은 고객의 범위를 확대해서 제품이 사용되는 상황을 바꿔 보거나 아니면 고객에게 제공하는 제품/서비스의 효용에 변화를 줌으로써 업(業)의 개념을 재정의하고, 신 사업을 발굴하는 기법임.

② 3W 기법은 대상 고객의 혁신(who, whom), 사용 상황의 혁신, 제품 효용의 혁신의 관점에 접근함.

- 대상 고객의 혁신(who, whom) : 기존 고객의 정의와 분류 체계를 혁신해서 제품의 사용 주체 또는 대상들을 바꾸어 보면서 새로운 사업 영역을 창출하는 방법임. 예를 들어서 목표고객을 인구 통계적 특성(성별, 연령, 직업, 라이프스타일, 가족 구성…)을 확대하거나 지리적 환경(국가 지역, 인구, 인구 집중도…)을 확대하거나 혹은 동식물/무생물까지 확대해 보는 것임.
- 사용 상황의 혁신(when, where) : 제품과 서비스의 적용가능한 시공간을 확대해서 새로운 사업 영역을 창출하는 방법임. 예를 들어서 제품과 서비스의 장소(실내/실외, 지역/국가, 특정 시설…), 상황(구매 결정 과정, 이용 과정, 폐기 과정…), 시간(오전/오후/야간, 연월일, 계절…)까지 확대해 보는 것임.
- 제품 효용의 혁신(what) : 제품과 서비스의 기능과 특성에 대한 고정관념에서 벗어나서 경쟁자들이 생각하지 못한 새로운 효용을 창출해서 새로운 사업영역을 창출하는 방법임. 예를 들어서 제품과 서비스의 기본 편익(기능성, 경제성…), 부가 이익(디자인, 촉감/미감, 보완 대책), 이미지(명예, 권위, 희소성) 등을 확대해 보는 것임.

2. 사례

1. 기업 고객을 대상으로 경영 시뮬레이션 기반의 교육 서비스와 개발 컨설팅을 제공하고 있는 B2L Soft를 분석한 사례임.
2. 제일 먼저, 대상 고객의 혁신 관점, 사용 상황의 관점, 제품 특성의 관점
3. 시뮬레이션 게임 교육 프로그램, 온라인 경영 시뮬레이션 게임 교육 프로그램, 경영 시뮬레이션 게임의 평가 프로그램의 세 종류의 새로운 서비스를 개발하기로 하였음.

	내용
대상 고객의 혁신	기존 고객들인 기업 직장인과 대학생들로부터 일반인 및 창업자로 대상 고객을 확대
시장 상황의 혁신	집체 교육이나 팀 방식으로 진행해 왔는데, 온라인 교육으로 개인 경쟁 방식으로 확대
제품 효용의 혁신	교육에 초점을 두고 활용되어 왔는데, 인재 역량 평가 및 선발 도구 및 문제해결 도구로 확대
혁신 아이디어 융합	고객을 일반인 및 창업자로 확대 온라인 교육 및 개인 경쟁 방식 교육뿐만 아니라 인재 선발 도구로 활용

3. 적용 방법

대상 고객의 혁신(who, whom)

기존 고객의 정의와 분류 체계를 혁신해서 제품의 사용 주체 또는 대상들을 바꾸어 보면서 새로운 사업 영역을 창출

사용 상황의 혁신(when, where)

제품과 서비스의 적용가능한 시공간을 확대해서 새로운 사업 영역을 창출

제품 효용의 혁신(what)

제품과 서비스의 기능과 특성에 대한 고정 관념을 벗어나서 경쟁자들이 생각하

지 못한 새로운 효용을 창출해서 새로운 사업 영역을 창출

아이디어 융합 및 타당성 분석

아이디어를 융합해서 새로운 아이디어를 찾아내고 타당성을 분석함.

〈3W 기법〉

	내용
대상 고객의 혁신	
시장 상황의 혁신	
제품 효용의 혁신	
혁신 아이디어 융합	

Design Thinking 기법 11

1. 개념

① Design Thinking은 "우리 회사가 새로운 제품과 서비스를 신속하게 개발할 수 있을까?"란 질문에 답을 하는 기법임.

신규 사업이나 제품 개발을 할 때 개발자 관점이 아니라 인간 중심적 관점에서 사용자와 공감하고 고객의 니즈 · 기술적 구현 · 수익실현 방법을 창의적으로 생각해 내는 기법임.

인간 중심의 이해를 바탕으로 아이디어를 시각화하고 현실화하여 새로운 비즈니스로 이어질 수 있게 하는 분석과 직관이 균형 잡힌 가능성 중심의 사고하는 기업으로서, 직관적 사고나 분석적 사고에 치우지지 않는 통합적 접근방식의 사고임.

② Design Thinking 기법은 크게 5단계 과정을 거쳐서 진행함.

- 공감하라(Empathize) : 해결하고자 하는 문제를 이해하기 위해 고객이 불편해 하는 진실의 순간을 관찰, 인터뷰, 직접 경험 등을 함으로써 정보 수집
- 문제를 명확하게 하라(Define) : 고객관점에서 문제를 정의하는데, 대상고객을 설정하고, 대상고객의 불편한 상황을 찾고 원하는 상태를 파악하고, 문제 해결을 통해 고객이 얻게 될 가치를 파악하여 근본 문제에 대한 기술서를 작성
- 아이디어를 구상하라(Ideate) : 이해관계자들이 함께 다양한 아이디어를 도출하고 아이디어에 대한 피드백 수집
- Prototype을 만들어라(Prototype) : 불확실한 아이디어를 진화시키기 위해 사용자, 생산자, 전문가가 무형의 것을 유형화하며 합의된 형상 prototype을 제작
- 테스트하라(Test) : 사용자들에게 테스트 후 수정 사항들을 정리 후 프로세스 반복

〈Design Thinking process〉

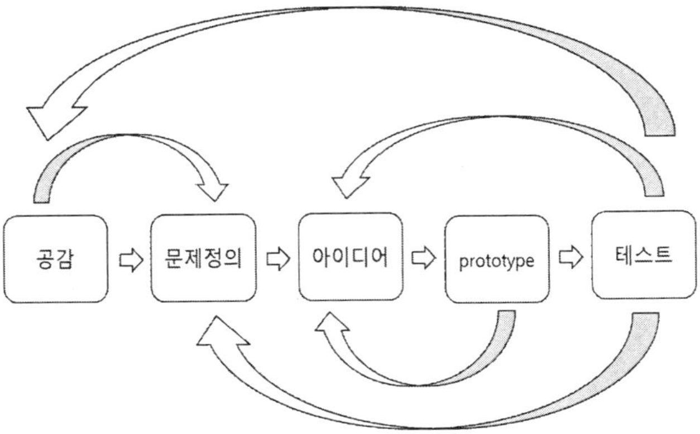

2. 사례

COVID-19에 따라서 세계적으로 큰 반향을 불러일으킨 드라이브 스루 진료소 개발 사례임.

Design Thinking 적용 사례: 코로나 드라이브 스루 진료소

공감하기 (Empathy)	코로나 바이러스의 빠른 전파력으로 인해 확진자가 병원에 방문할 경우, 병원을 찾는 환자들에게도 전염될 위험이 있음.
	의심증상을 보이는 사람이 크게 늘어남에 따라 병원이 수용할 수 있는 환자의 수를 초과하게 됨.
	병원에 사람들이 너무 몰릴 경우 검사에 소요되는 시간이 늘어남.
문제 정의 (Define)	일반 진료 때문에 병원을 찾는 환자에게 코로나 바이러스가 전파될 가능성이 높아짐.
	검사를 필요로 하는 사람의 수가 폭증하면서 이를 따라잡기가 힘들어짐.
	많은 환자들을 받기에는 병원의 규모에 한계가 있음.
아이디어 내기 (Ideate)	코로나 의심 환자와 다른 사람들의 접촉을 최소화해야 함.
	진료 동선을 최대한 짧게 만들어야 함.
	진료시간을 단축시켜야 함.

➔ 드라이브 스루 진료소 아이디어 도출

프로토타입 (Prototype)	타인과의 접촉을 최대한 줄이는 동시에 진료시간을 단축할 수 있는 드라이브 스루 검진을 만들어냄.
테스트 (Test)	짧은 시간 내에 수많은 검진을 할 수 있게 되었고, 해외에도 모범 사례로 소개됨.

(출처: 바이플러그 BiPlug/재가공: LG CNS Entrue컨설팅 CX전략그룹)

3. 적용 방법

공감하라

해결하고자 문제를 이해하기 위해 관찰, 인터뷰, 직접 경험 등을 함으로써 정보 수집

문제를 명확하게 하라

근본 문제에 대한 기술서를 작성

아이디어를 구상하라

다양한 아이디어를 도출하고 아이디어에 대한 피드백 수집

Prototype을 만들어라

피드백을 반영하여 prototype을 제작

테스트하라

사용자들에게 테스트하고 수정 사항들을 정리 후 프로세스 반복

〈Design Thinking〉

공감	
문제정의	
아이디어	
Prototype	
테스트	

비즈니스 모델 캔버스 기법 12

1. 개념

① 비즈니스 모델 캔버스는 "우리 회사의 신규 사업 모델을 어떻게 수립할 수 있는가?"란 질문에 답을 하는 기법임.

비즈니스 모델을 구성하고 있는 핵심 요소들을 고객 세분화 · 가치제안 · 유통 · 고객 관계 · 수익 흐름 · 핵심 자원 · 핵심 활동 · 핵심 파트너 · 비용구조로 구분하여 비즈니스 모델을 개발하는 방법임.

끊임없이 변화하는 경영환경에 대응하여 신속하게 기존의 비즈니스 모델을 수정 보완할 수 있으며 신규 비즈니스 모델에 대한 아이디어를 쉽게 구체화할 수 있고, 구성원들과 공유할 수 있음.

② 비즈니스 모델 캔버스 기법은 비즈니스 모델의 구성요소를 9개로 분류해서 분석함.

- 고객세분화 : 제품이나 서비스를 전달하고자 하는 주요 고객들은 누구인가?
- 가치제안 : 제품이나 서비스를 통해서 고객에게 전달하려는 가치는 무엇인가?
- 유통 : 제품이나 서비스를 어떤 채널을 활용하여 전달할 것인가?
- 고객관계 : 고객 관리를 위해 어떻게 관계를 형성하고 유지할 것인가?
- 수익흐름 : 고객이 우리에게 지불하고 있는 것은 무엇인가?
- 핵심자원 : 고객 가치를 전달하기 위해 필요한 핵심 자원은 무엇인가?
- 핵심활동 : 고객 가치를 전달하기 위해 필요한 핵심 활동들은 무엇인가?
- 핵심파트너 : 고객 가치를 전달하기 위해 협력하고 있는 파트너들은 누구인가?
- 비용구조 : 고객 가치를 전달함에 있어서 발생하는 비용은 무엇인가?

〈비즈니스 모델 캔버스의 Framework〉

<table>
<tr><td rowspan="2">KP
(핵심 파트너)</td><td>KA
(핵심 활동)</td><td rowspan="2">VP
(가치 제안)</td><td>CR
(고객 관계)</td><td rowspan="2">CS
(고객 세분화)</td></tr>
<tr><td>KR
(핵심 자원)</td><td>CH
(유통 채널)</td></tr>
<tr><td colspan="3">C$
(비용 구조)</td><td colspan="2">R$
(수익 흐름)</td></tr>
</table>

2. 사례

1. 신규 사업으로 진행하는 기업 교육 사업을 비즈니스 모델 캔버스 기법으로 분석한 사례임.
2. 신규로 진행하는 기업 교육 사업은 전통적인 집합 교육이 아닌 인터넷 기반의 시뮬레이션 교육 사업의 신규 사업 모델을 비즈니스 모델 캔버스로 분석하였음. 그 결과, 아래와 같음.

〈교육 사업 비즈니스 모델 캔버스〉

<table>
<tr><th>KP(핵심파트너)</th><th>KA(핵심 활동)</th><th>VP(가치 제안)</th><th>CR(고객 관계)</th><th>CS(고객 세분화)</th></tr>
<tr><td rowspan="3">1. 강사
2. 시스템 개발사
3. 교육/유통 회사</td><td>1. 교육 콘텐츠 개발
2. 교육 서비스 제공</td><td rowspan="3">1. 체험 중심의 교육
2. 실용적인 교육
3. 몰입할 수 있는 교육
4. Plan-Do-See 교육
5. 재미있는 교육</td><td>1. 인터넷 커뮤니티
2. 콜 센터
3. 뉴스레터</td><td rowspan="3">1. 기업 고객 대기업/중견기업 : 핵심인재 육성

2. 대학 경영학부 및 MBA 과정</td></tr>
<tr><th>KR(핵심 자원)</th><th>CH(유통 채널)</th></tr>
<tr><td>1. 연구개발인력
2. 영업인력
3. 강사
4. 자금</td><td>1. 홈페이지 및 카페
2. 직접 유통
3. 교육/유통 회사</td></tr>
<tr><th colspan="3">C$(비용 구조)</th><th colspan="2">R$(수익 흐름)</th></tr>
<tr><td colspan="3">1. 시스템 개발 및 유지비
2. 강사비
3. 판매 및 관리비</td><td colspan="2">1. 교육비
2. 콘텐츠 이용료
3. 컨설팅 비용</td></tr>
</table>

3. 적용 방법

비즈니스 모델 캔버스 작성

새로운 비즈니스 모델이나 기존의 비즈니스 모델을 고객 세분화 · 가치제안 · 유통 · 고객 관계 · 수익 흐름 · 핵심 자원 · 핵심 활동 · 핵심 파트너 · 비용구조 관점에서 분석함.

문제점과 개선방안 분석

비즈니스 모델상의 문제점과 개선방안을 찾아보고 수정 보완함.

시사점 도출

분석 결과를 기반으로 기존 비즈니스 또는 새로운 비즈니스 모델에 대한 시사점을 도출함.

〈비즈니스 모델 캔버스〉

<table>
<tr><th colspan="2">KP(핵심파트너)</th><th colspan="2">KA(핵심 활동)</th><th colspan="2">VP(가치 제안)</th><th colspan="2">CR(고객 관계)</th><th colspan="2">CS(고객 세분화)</th></tr>
<tr><td colspan="2" rowspan="3"></td><td colspan="2"></td><td colspan="2" rowspan="3"></td><td colspan="2"></td><td colspan="2" rowspan="3"></td></tr>
<tr><th colspan="2">KR(핵심 자원)</th><th colspan="2">CH(유통 채널)</th></tr>
<tr><td colspan="2"></td><td colspan="2"></td></tr>
<tr><th colspan="5">C$(비용 구조)</th><th colspan="5">R$(수익 흐름)</th></tr>
<tr><td colspan="5"></td><td colspan="5"></td></tr>
</table>

〈전략적 시사점〉

1.

2.

3.

린 캔버스 기법 13

1. 개념

① 린스타트업 캔버스 기법은 "우리의 비즈니스 모델은 어떻게 수립해야 하는가?"란 질문에 답을 하는 기법.

② 린스타트업 캔버스 기법은 에릭 리스(Eric Ries)가 자신의 창업 실패와 성공 경험을 토대로 창업기업의 지속적인 성장을 위해 고안한 경영전략기법임. 비즈니스 모델 캔버스(Business model 9 block)은 자원이 한정적이고 빠르게 고객을 발굴해야 하는 스타트업에게 적합하지 않아 초기 스타트업(소프트웨어 중심)에게 좀 더 적합하도록 이를 수정하여 린 캔버스를 개발하였음.

③ 린스타트업 캔버스 기법은 비즈니스 모델의 구성요소를 9개로 분류해서 분석함.

- 고객세분화 : 제품이나 서비스를 전달하고자 하는 주요 고객들은 누구인가?
- Customer Segments(고객 세그먼트) : 우리의 목표 고객이 누구인가?
- Problem(고객 문제) : 고객군이 가지고 있는 핵심 문제는 무엇인가?
- Unique Value Proposition(고유 가치 제안) : 고객에게 제공하는 우리만의 고유한 가치는 무엇인가?
- Solution(문제 해결 방법) : 고객 문제를 해결할 수 있는 솔루션은 어떤 형태인가?
- Channel(채널) : 우리 제품/서비스가 어떤 경로로 고객이 인지하고 구매하는가?
- Revenue Streams(수익원) : 우리 제품/서비스는 어떻게 수익을 창출하는가?
- Cost Structure(비용구조) : 우리 제품/서비스를 위해 필요한 비용은 얼마인가?
- Key Metric(핵심지표) : 우리 사업의 성과를 측정하는데 필요한 핵심 지표는 무엇인가?
- Unfair Advantage(차별적 경쟁우위) : 다른 경쟁자들이 쉽게 모방할 수 없는 경쟁우위는 무엇인가?

〈린스타트 캔버스의 Framework〉

<table>
<tr><td rowspan="2">Problem</td><td>Solution</td><td rowspan="2">Value Proposition</td><td>Unfair Advantage</td><td rowspan="2">Customer Segments</td></tr>
<tr><td>Key Metrics</td><td>Channels</td></tr>
<tr><td colspan="3">Cost Structure</td><td colspan="2">Revenue Streams</td></tr>
</table>

2. 사례

1. 본 사례는 교육사업인 EduConnet 회사의 사업 모델을 ChatGPT가 만들 사례임.
2. 이 같은 분석을 통해서 창업 및 신사업의 BM 타당성을 분석할 수 있음.

〈EduConnect의 린 캔버스 분석〉

<table>
<tr><td rowspan="2">고객 문제
실시간 채팅과 온라인 상담을 통한 개별적인 학습 지원 제공.

피드백과 평가를 통한 학습 경험 개선.</td><td>솔루션
온라인 콘텐츠 및 강의
맞춤형 학습 경험
커리어 지원서비스
프리미엄 멤버십 및 혜택</td><td rowspan="2">고유의 가치제안
맞춤형 학습 계획 및 학습 리소스 제공.

실시간 학습 진행 모니터링 및 학습 성과 분석 서비스 제공.</td><td>경쟁우위
(수익모델)
구독 기반의 유료 서비스 모델.

추가 학습 자료 및 튜터링 서비스에 대한 별도 요금 모델</td><td rowspan="2">고객군
학부모와 학생을 대상으로 한 학업 관련 서비스 제공.

학습 지원이 필요한 학생, 학부모, 교사, 학원 등을 주요 고객</td></tr>
<tr><td>핵심 지표
이용자 활동 지표(로그인 빈도, 학습 시간 등)

고객 만족도 및 학습 성과 평가
결제 및 구독률</td><td>채널
온라인 플랫폼을 통한 서비스 제공

교육기관과의 협력 및 디지털 광고를 활용한 직접 마케팅</td></tr>
<tr><td colspan="3">손익분기 계획
• 고정비용(Fixed Costs)
교육 콘텐츠 개발 및 운영 비용, 인프라 및 서버 유지보수 비용

• 가변비용 (Variable Costs)
강사료 및 컨설팅 비용, 온라인 플랫폼 수수료

• 수익(Revenue)
강의료 및 코스 등록 수익, 프리미엄 멤버십 및 구독 수익</td><td colspan="2">손익 계획(3년간)
• 1년目:
- 초기 투자 및 개발 비용으로 손실 발생
- 마케팅 활동 강화 및 초기 사용자 확보에 집중
• 2년目:
- 사용자 기반 확대로 인한 수익 증가
- 프리미엄 멤버십 모델 강화 및 기업 파트너십 확장
• 3년目:
- 교육 시장에서의 입지 강화로 인한 안정적인 수익 창출
- 새로운 콘텐츠 및 기술 개발을 통한 지속적인 혁신</td></tr>
</table>

3. 적용 방법

1단계: 린 캔버스 작성

9개의 구성 요소들을 차례로 생각하여 작성함. 이때 최대한 빠르게 작성하는 것이 중요함.

2단계: 실행 및 수정

초기 스타트업이 고객과 솔루션의 적합성을 찾아 비즈니스 모델을 발견하게 하기 위한 도구임.

3단계: 검증

작성된 린 캔버스를 통해 빠르게 초기 시제품을 만들어 고객을 만나 린 캔버스의 가설이 맞는지 검증.

〈린스타트업 캔버스〉

<table>
<tr>
<td rowspan="2">고객 문제
가장 중요한 세 가지 문제
❷
문제 대안
문제를 해결하기 위한 고객의 대안</td>
<td>솔루션
가장 중요한 3가지 기능
❹</td>
<td rowspan="2">고유의 가치제안
제품을 구입해야 하는 이유와 다른 제품과의 차이점을 설명하는 읽기 쉽고 설득력 있는 단일 메시지
❸
카테고리
일반적으로 알려진 제품 분류</td>
<td>경쟁우위
(수익모델)
다른 제품이 쉽게 흉내 낼 수 없는 특징
❺</td>
<td rowspan="2">고객군
전체고객, 유효 고객, 목표 고객
❶
최우선 거점 고객
가장 필요로 하는 고객, 파급력이 높은 고객, 접근이 쉬운 고객</td>
</tr>
<tr>
<td>핵심 지표
측정해야 하는 핵심 활동
❾</td>
<td>채널
고객 도달 경로
❻</td>
</tr>
<tr>
<td colspan="3">손익분기 계획
손익분기점 도달 시점, 도달 방법
❼</td>
<td colspan="2">손익 계획(3년간)
향후 추정손익 계산
❽</td>
</tr>
</table>

〈전략적 시사점〉

1.

2.

3.

PART 06

경제적 타당성 분석

[경제적 타당성 분석기법 체계도]

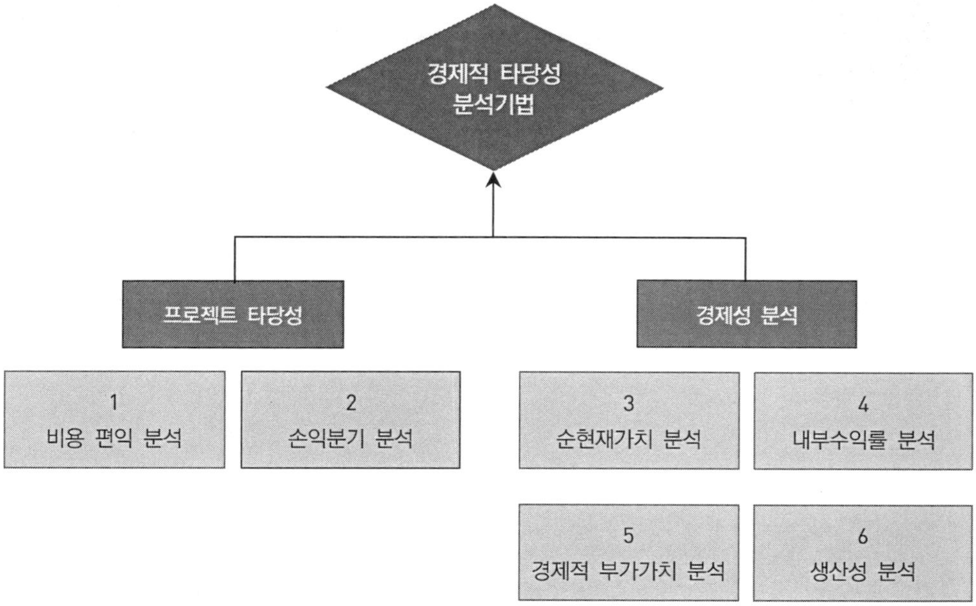

[경제적 타당성 분석기법 - 6개]

번호		기법	주요 질문
프로젝트 타당성	1	비용 편익 분석기법	프로젝트의 경제적 타당성은 어느 수준인가?
	2	손익분기 분석기법	프로젝트의 손익분기점은 얼마인가?
경제성 분석	3	순현재가치 분석기법	프로젝트의 순현재가치는 어느 수준인가?
	4	내부수익률 분석기법	프로젝트의 내부수익률은 어느 수준인가?
	5	경제적 부가가치 분석기법	프로젝트가 창출하는 경제적 부가가치는 어느 수준인가?
	6	생산성 분석기법	프로젝트의 생산성은 어느 수준인가?

비용 편익 분석기법 01

1. 개념

① 비용 편익 분석(Cost Benefit Analysis)은 “신규 프로젝트의 타당성은 높은 편인가?”란 질문에 답을 하는 기법임.

신규로 추진하는 프로젝트를 추진해서 얻을 수 있는 편익과 대안을 추진하는 데 발생하는 비용을 비교 평가해서 대안의 타당성을 평가하는 모든 경제적 의사결정의 기본적인 평가 기법임.

프로젝트 추진을 위한 여러 대안들의 비용과 편익을 단순하게 추정해 보면서 최적의 대안을 선택하는 비교적 용이한 경제성 및 타당성을 평가하는 방법으로 널리 활용됨.

② 비용 편익 분석에서 비용과 편익은 유형적 요소(tangible factors)뿐만 아니라 측정하기 힘든 무형적 요소(intangible factors)들로 구성되어 있고, 장기간에 걸쳐 발생하고 불확실성이 존재한다는 것을 주의해야 함.

- **유형적 비용과 편익** : 기계구입비, 교육 훈련비 / 원가 절감, 매출액 증가 등
- **무형적 비용과 편익** : 전환비용, 만족도 저하 / 숙련도 향상, 사고 예방 등

〈비용 편익 분석의 의미〉

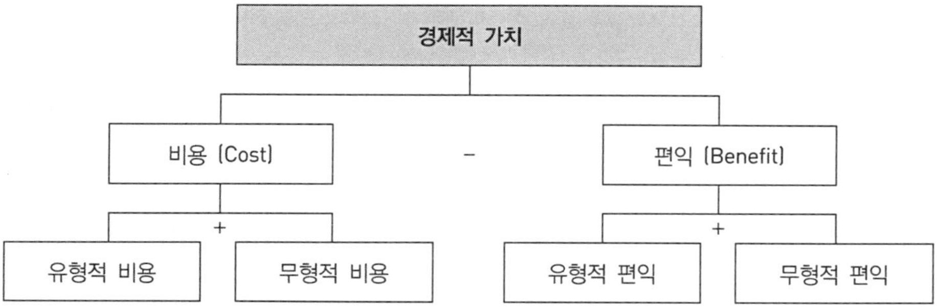

2. 사례

1. 한 유통회사에서 새로운 정보시스템을 도입하는 프로젝트에 대한 비용 편익 분석 사례임.
2. 투입 비용을 계산한 결과 컴퓨터 장비, 교육 및 훈련, 기타 비용의 총 합은 은 55,800(천원)임. 대안을 추진했을 때 얻을 수 있는 편익은 6가지 측면에서 90,000(천원)으로 추정되었음. 투입 비용과 편익을 비교한 결과, 이 대안은 비용 대비 편익이 큰 경제성이 있는 것으로 판명되었음.
3. 그러나 이 분석에서는 비용과 편익의 무형적 가치를 평가하지는 않았음.

〈비용/편익 분석 사례〉

구 분	항 목	세 부 내 역
비용	컴퓨터장비	10 PCs : 1,225/대 ; 1 server : 1,750 ; 소프트웨어 : 7,500 3 printer : 600/대 ; Cabling & Installation : 2,300
	교육훈련비	컴퓨터 교육: 8명 * 200 키보드 교육 : 8명 * 200 시스템 교육 : 12명 * 350
	기타	업무손실 비용 : 40일/사람 * 100/일 전환과정에 판매손실 : 10,000 (추정) 업무숙달 과정에 발생한 손실 : 10,000 (추정)
	합계	55,800
편익	편익	우편물 관리 비용 절감 : 20,000/년 (추정) 텔레마케팅에서 얻은 편익 : 10,000/년 (추정) 행정 및 관리 업무 절감 : 25,000/년 (추정) 고객만족 및 고객유지 편익 : 15,000/년 (추정) 고객정보의 정확성 : 5,000/년 (추정) 마케팅 활동의 집중에서 얻은 편익 : 15,000/년 (추정)
	합계	90,000/년

3. 적용 방법

비용과 편익을 유형과 무형으로 나누어 추정해보고 차이를 분석하여 경제적 가치를 추정함.

비용과 편익 추정

대안을 추진하는 데 발생하는 예상 비용과 대안을 통해 얻을 수 있는 편익을 유형과 무형적인 관점에서 평가함.

경제적 가치 계산

총 편익에서 총 비용을 차감하여 경제적 가치를 평가함.

타당성 평가

비용과 편익을 변화시켜 가면서 대안의 경제적 가치와 타당성을 다양한 측면에서 평가함.

〈비용/편익 추정〉

구 분	항 목	유형적 요소	무형적 요소
비용			
	합계		
편익			
	합계		
경제적 가치			

〈타당성 및 평가의 시사점〉

1.

2.

3.

손익분기 분석기법 02

1. 개념

① 손익분기 분석(Break Even Point)은 "신규 프로젝트의 이익이 발생하는 지점은 어디인가?"란 질문에 답을 하는 기법임.

매출액과 비용이 일치하는 점, 즉 이익이 '0'이 되는 손익분기점을 찾아서 매출액 · 비용 · 이익 간의 관계를 분석하는 가장 기본적인 경제성 분석기법. 손익분기 분석은 신규 사업의 이익 창출 시점 및 이익의 규모, 손익분기점의 달성 시점 등을 투자비용, 자본비용, 회수 기간 등과 비교해 보면서 사업의 전반적인 타당성을 평가할 수 있음.

또한 가격 조정에 따른 매출액의 변화, 고정비와 변동비 조정에 따른 비용의 변화를 관찰하면서 목표 이익을 실현할 수 있는 가장 합리적인 가격과 비용 구조 관련 의사결정을 수행하는 데 활용함.

② 손익분기 분석기법은 매출액 추정, 총비용 추정, 손익분기점 추정의 3단계로 이루어짐.

- 매출액 추정 : 예상되는 판매량에 따른 가격을 곱해서 매출액을 추정함.
- 총비용 추정 : 매출액의 변동에 관계없이 일정하게 발생하는 고정비(급여 · 임차료 등)와 매출액의 변동에 비례하여 발생하는 변동비(재료비 · 경비 등)로 구분하여 추정함.
- 손익분기점 추정 : 매출액과 총비용이 교차하면서 이익이 0이 되는 지점을 추정함.

〈손익분기 분석의 의미〉

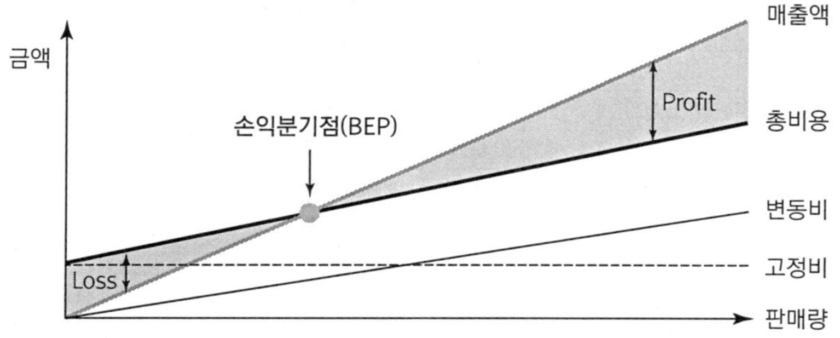

2. 사례

1. 휴대용 충전기 사업의 BEP 분석 사례임.
2. 매출액 추정 : 가격은 10,000원 정도로 가정해서,

매출액(TR) = 가격10,000원 × 판매량

3. 총비용 추정 : 고정비는 총 5,000만원 정도, 변동비는 8,000원 정도 (재료비 개당 3,000원, 개당 인건비 4,000원, 기타 제조경비 개당 1,000원)

총비용(TC) = 고정비(5,000만원) + 변동비(= 8,000원)

4. 손익분기점 : 제품 가격과 총비용을 기반으로 매출액과 이익이 0이 되는 지점의 판매량을 분석, 25,000개를 판매하는 시점부터 이익이 나는 것을 알 수 있었음.

손익분기점(BEP) = 판매량 25,000개

5. 25,000개 이상 판매하면 이익을 발생할 수 있다는 것을 분석한 다음에, 사업에 대한 경제성이 있음.

〈손익분기 분석 테이블〉

4. 판매량	6. 매출액	7. 고정비	8. 변동비	9. 총 비용	10. 이익
10,000	100,000,000	50,000,000	80,000,000	130,000,000	－30,000,000
11,000	110,000,000	50,000,000	88,000,000	138,000,000	－28,000,000
12,000	120,000,000	50,000,000	96,000,000	146,000,000	－26,000,000
13,000	130,000,000	50,000,000	104,000,000	154,000,000	－24,000,000
14,000	140,000,000	50,000,000	112,000,000	162,000,000	－22,000,000
15,000	150,000,000	50,000,000	120,000,000	170,000,000	－20,000,000
16,000	160,000,000	50,000,000	128,000,000	178,000,000	－18,000,000
17,000	170,000,000	50,000,000	136,000,000	186,000,000	－16,000,000
18,000	180,000,000	50,000,000	144,000,000	194,000,000	－14,000,000
19,000	190,000,000	50,000,000	152,000,000	202,000,000	－12,000,000
20,000	200,000,000	50,000,000	160,000,000	210,000,000	－10,000,000
21,000	210,000,000	50,000,000	168,000,000	218,000,000	－8,000,000
22,000	220,000,000	50,000,000	176,000,000	226,000,000	－6,000,000
23,000	230,000,000	50,000,000	184,000,000	234,000,000	－4,000,000
24,000	240,000,000	50,000,000	192,000,000	242,000,000	－2,000,000
25,000	250,000,000	50,000,000	200,000,000	250,000,000	0
26,000	260,000,000	50,000,000	208,000,000	258,000,000	2,000,000
27,000	270,000,000	50,000,000	216,000,000	266,000,000	4,000,000
28,000	280,000,000	50,000,000	224,000,000	274,000,000	6,000,000
29,000	290,000,000	50,000,000	232,000,000	282,000,000	8,000,000
30,000	300,000,000	50,000,000	240,000,000	290,000,000	10,000,000

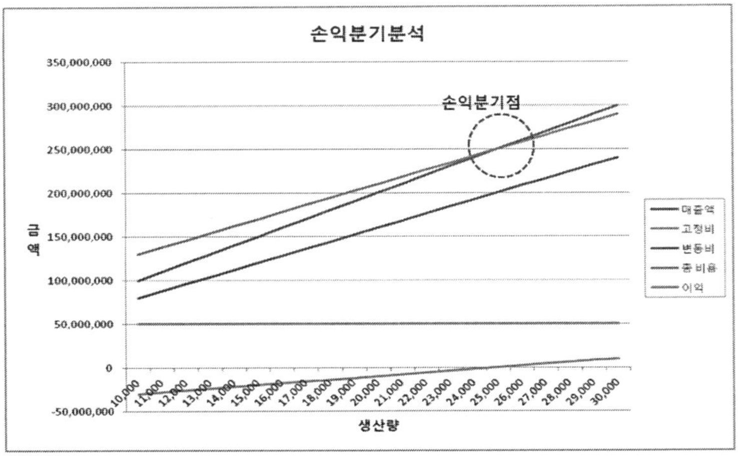

3. 적용 방법

제품과 서비스의 가격, 고정비, 변동비 항목을 활용하여 매출액, 비용, 이익을 계산한 후 BEP를 찾아냄.

매출액 추정(TR = P*Q)

제품의 가격 정보를 기반으로 판매량 변화에 따른 매출액의 변화를 분석함.

비용 추정(TC = FC + V*Q)

고정비 항목과 변동비 구성항목을 구분한 후, 고정비에 단위당 변동비와 판매량을 곱한 값을 더함.

이익 추정(P = TR-TC)

매출액에서 비용을 뺀 금액을 계산하여 판매에 따른 이익을 구함.

BEP 분석(= FC/(P-V))

이익이 0이 되는 지점을 찾아서 BEP를 찾아내고 BEP의 적정성을 진단함.

〈고정비와 변동비 항목〉

가격	고정비 항목1 (　　　)	고정비 항목2 (　　　)	변동비 항목1 (　　　)	변동비 항목2 (　　　)	변동비 항목3 (　　　)

〈BEP 분석〉

판매량	매출액	고정비	변동비	총비용	이익

↓

BEP = (　　　　　　　　　　　　　　　　)

순현재가치 분석기법 03

1. 개념

① 순현재가치 분석은 "우리가 추진하는 신규 프로젝트의 경제적 타당성이 있는가?"란 질문에 답을 하는 기법임.

투자로부터 예상되는 미래의 현금유입액을 현재가치로 평가한 금액에서 예상되는 현금유출액을 현재가치로 평가한 금액을 뺀 값을 말하며, 프로젝트의 경제성을 평가하는 대표적인 기법임. 순현재가치 기법은 현금흐름과 시간에 따른 돈의 가치를 고려하기 때문에 다른 평가 방법에 비하여 합리적인 경제성 평가 방법임.

또한 동일한 현금흐름이라도 할인율이 높을수록 NPV가 작아지는 특성을 활용하여 프로젝트의 Risk 정도에 따라 적절한 할인율을 넣어서 계산해 볼 수 있기 때문에 Risk와 수익의 trade-off를 비교할 수 있음.

② 순현재가치 분석기법은 일반적으로 NPV > 0이면 프로젝트의 타당성이 있다고 결정하는데 구체적인 결정 기준은 아래와 같음.

- 독립적 투자안의 경우 : NPV > 0이면 채택
- 상호 배타적인 투자안의 경우 : NPV > 0이면서 NPV가 가장 큰 투자안을 채택
- 투자안에 순위를 부여하는 경우 : NPV가 큰 순서대로 우선순위에 두고 채택

NPV분석의 의미

$$NPV = CF_0 + CF_1/(1+k) + CF_2/(1+k)^2 \ldots + CF_n/(1+k)^n$$

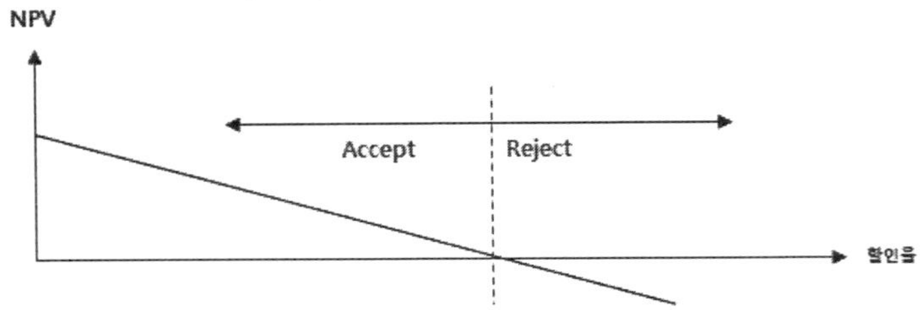

2. 사례

1. 자동차 부품을 생산하는 한 기업에서 새로운 생산설비를 도입하는 프로젝트 의사결정의 NPV 분석 사례임.
2. 두 종류의 투자안 타당성을 분석함. 대안 A의 생산설비에서는 첫 해에 10억이 투자된 반면에 향후 5년 동안에 처음 2년에는 각각 3억이, 남은 3년 동안에는 4억씩 유입될 걸로 예상됨. 대안 B의 생산설비를 도입할 때는 첫 해에 15억의 현금이 투자되고, 처음 3년간은 4억씩 현금이, 남은 2년 동안은 매년 5억의 현금이 유입될 걸로 예상됨.
3. 이 기업의 자본비용을 10%로 가정할 때 두 투자 대안의 순현재가치는 아래의 방법으로 평가함.
   - 투자안 A의 NPV

     $= -10/(1+0.1) + 3/(1+0.1)^2 + 3/(1+0.1)^3 + 4/(1+0.1)^4$
     $+ 4/(1+0.1)^5 + 4/(1+0.1)^6 = 311{,}600{,}789$
   - 투자안 B의 NPV

     $= -15/(1+0.1) + 4/(1+0.1)^2 + 4/(1+0.1)^3 + 4/(1+0.1)^4$
     $+ 5/(1+0.1)^5 + 5/(1+0.1)^6 = 251{,}910{,}603$
   - Excel에서 NPV 함수 사용
4. 투자안 A의 순현재가치는 311,600,789이고, 투자안 B의 순현재가치는 251,910,603임. 투자안 A와 B 모두 순현재가치가 0보다 크기 때문에 경제성이 있다고 볼 수 있음. 그중에서 투자안 A의 순현재가치가 투자안 B의 순현재가치보다 훨씬 크기 때문에 투자안 A가 경제성이 높다고 볼 수 있음.

항목	투자안 A	투자안 B
자본비용	0.1	
예상 현금흐름	-	-
1차년도	-10	-15
2차년도	3	4
3차년도	3	4
4차년도	4	4
5차년도	4	5
6차년도	4	5
NPV	311,600,789	251,910,603
투자 우선순위	1	2

3. 적용 방법

프로젝트에 대한 다양한 투자 대안들의 자본비용과 현금흐름을 기반으로 NPV를 계산한 후 최적 투자 대안을 결정함.

1. 예상 현금흐름 추정

프로젝트의 다양한 투자대안들에 대해서 예상되는 현금유입액과 유출액으로 예상 현금흐름을 추정함.

2. 순현재가치 계산

투자안들의 자본비용과 예상 현금흐름을 기반으로 순현재가치를 계산함.
(Excel 재무함수_NPV 활용)

3. 투자의 타당성 결정

투자대안들에 대해서 계산된 NPV를 비교 분석하여 최적 투자안을 결정함.

〈NPV 계산〉

항목	투자안 A	투자안 B
자본비용		
예상 현금흐름		
1차년도		
2차년도		
3차년도		
4차년도		
:		
NPV		
투자 우선순위		

〈전략적 시사점〉

1.

2.

3.

내부수익률 분석기법 04

1. 개념

① 내부수익률(Internal Rate of Return) 분석은 “우리가 추진하는 프로젝트의 수익률은 어느 정도인가?”란 질문에 답을 하는 기법임.

투자안의 예상되는 현금흐름 유입액의 현재가치와 현금흐름 유출액의 현재가치를 동일하게 하는 할인율, 즉 투자안의 NPV=0이 되는 할인율을 의미하며 NPV와 함께 프로젝트의 경제성을 평가하는 대표적인 기법임.

또한 요구수익률보다 해당 투자안의 내부수익률이 더 클 경우 경제성이 있다고 보는 것이기 때문에 투자 의사결정에 대한 객관적 기준으로 사용할 수 있음.

② 내부수익률 분석기법에서 IRR > k(자본조달 비용, 이자율, 요구수익률)이면 프로젝트의 타당성이 있다고 결정하는데 구체적인 결정 기준은 아래와 같음.

- 독립적 투자안의 경우 : IRR > k이면 채택
- 상호 배타적인 투자안의 경우 : IRR > k이면서 IRR이 가장 큰 투자안을 채택
- 투자안에 순위를 부여하는 경우 : IRR이 큰 순서대로 우선순위에 두고 채택

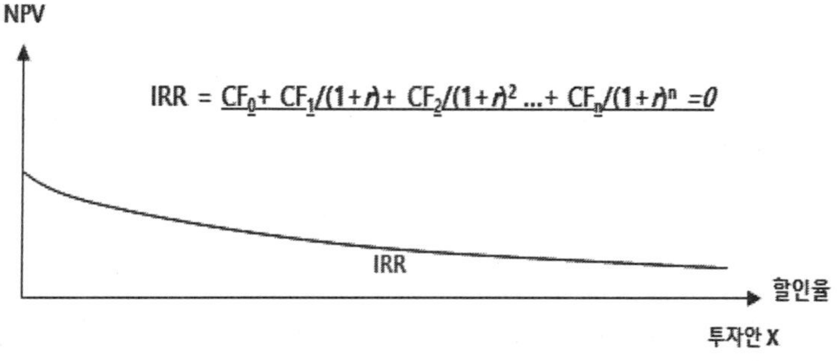

2. 사례

1. 자동차 부품을 생산하는 한 기업에서 새로운 생산설비를 도입하는 프로젝트 의사결정의 IRR 분석 사례임.
2. 두 종류의 투자안 타당성을 분석함. 대안 A의 생산설비에서는 첫 해에 10억이 투자된 반면에 향후 5년 동안에 처음 2년에는 각각 3억이, 남은 3년 동안에는 4억씩 유입될 걸로 예상됨. 대안 B의 생산설비를 도입할 때는 첫 해에 15억의 현금이 투자되고, 처음 3년간은 4억씩 현금이, 남은 2년 동안은 매년 6억의 현금이 유입될 걸로 예상됨.
3. 이 기업의 자본비용을 10%로 가정할 때 두 투자 대안의 순현재가치는 아래의 방법으로 평가함
   - 투자안 A의 수익률 $= -10/(1+r) + 3/(1+r)^2 + 3/(1+r)^3 + 4/(1+r)^4 + 4/(1+r)^5 + 4/(1+r)^6 = 0$
   - 투자안 B의 수익률 $= -15/(1+r) + 4/(1+r)^2 + 4/(1+r)^3 + 4/(1+r)^4 + 6/(1+r)^5 + 6/(1+r)^6 = 0$
   - Excel에서 IRR 함수 사용
4. 투자안 A의 내부수익률은 22%이고, 투자안 B의 내부수익률은 16%로 나타남. 만약에 자본 조달 비용이 10% 이상이면 두 대안 모두 경제성이 있다고 볼 수 있음. 또한 투자안 A가 투자안 B에 비하여 보다 내부수익률이 높기 때문에 투자안 A가 투자안 B에 비하여 보다 경제성이 높다고 볼 수 있음.

항목	투자안 A	투자안 B
자본비용	0.1	
예상 현금흐름	-	-
1차년도	-10	-15
2차년도	3	4
3차년도	3	4
4차년도	4	4
5차년도	4	6
6차년도	4	6
IRR	22%	16%
투자 우선순위	1	2

3. 적용 방법

프로젝트에 대한 다양한 투자 대안들의 자본비용과 현금흐름을 기반으로 IRR을 도출한 후 최적 투자대안을 결정함.

- **예상 현금흐름 추정**

프로젝트의 다양한 투자대안들에 대해서 예상되는 현금유입액과 유출액으로 예상 현금흐름을 추정함.

- **내부수익률 계산**

투자안들의 자본비용과 예상 현금흐름을 기반으로 내부수익률을 계산함.
(Excel 재무함수_IRR 활용)

- **투자의 타당성 결정**

투자대안들에 대해서 계산된 IRR을 비교 분석하여 최적 투자안을 결정함.

항목	투자안 A	투자안 B
자본비용		
예상 현금흐름		
1차년도		
2차년도		
3차년도		
4차년도		
5차년도		
6차년도		
IRR		
투자 우선순위		

〈시사점〉
1.
2.
3.

경제적 부가가치 분석기법 05

1. 개념

① 경제적 부가가치(Economic Value Added) 기법은 "우리 회사가 창출하는 경제적 부가가치는 어느 정도인가?"란 질문에 답을 하는 기법임.

세후 영업이익에서 자본주의 기대수익금액인 자본비용을 차감한 금액으로서 기업이 고유의 영업활동을 통해 창출한 순가치 증가분을 의미함.

경제적 부가가치 기법은 손익계산서의 당기순이익과는 달리 계산과정에서 타인자본비용과 자기자본비용을 모두 고려하기 때문에 기업의 진정한 경영성과를 측정하는 지표로 활용됨.

또한 투자자의 기대수익까지 반영하여 기업의 실질적인 부의 창출을 직접 측정하는 지표로서 투자안의 경제성 평가 기준으로도 사용될 수 있음.

② 경제적 부가가치 기법에서 EVA는 세후 영업이익에서 자본비용을 차감하는 방법으로 계산함.

- 세후 영업이익(Net Operating Profit After Tax) = 영업이익－법인세
- 자본비용(Cost of Capital) = 타인자본비용＋자기자본비용
- EVA가 마이너스라는 것은 기업이 투자하여 최소한 벌어들여야 할 요구수익에 미달한다는 의미이며, EVA가 플러스라는 것은 투하된 자본에 대한 비용을 초과하여 이익을 발생시켰음을 의미하므로 EVA 값이 크면 클수록 기업의 투자가치가 높다는 것을 나타냄.

EVA의 의미

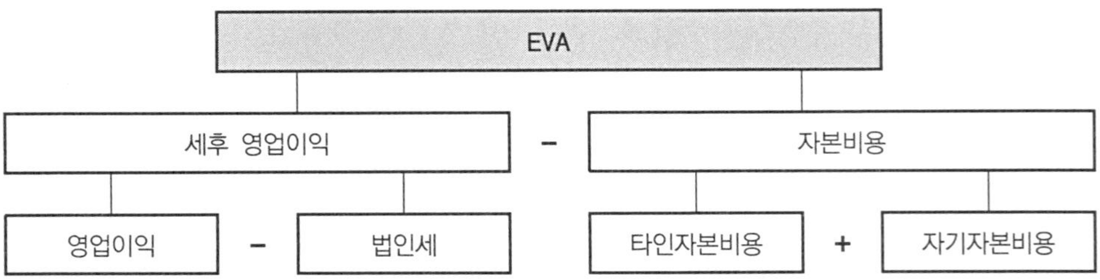

2. 사례

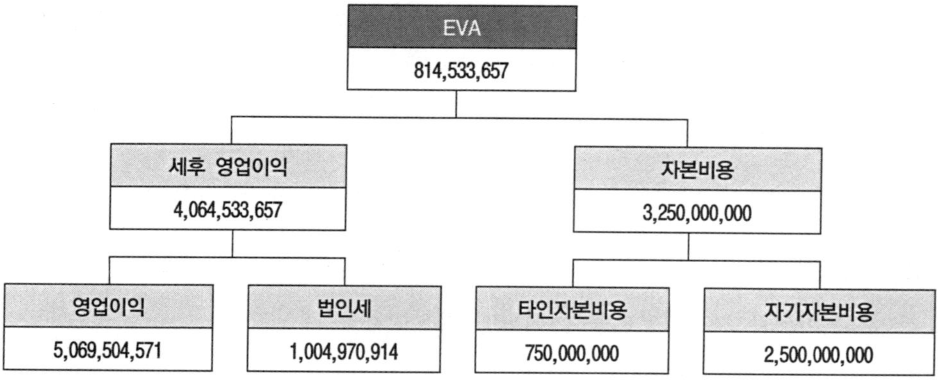

구분	주요 지표	금액
세후 영업이익	영업이익	5,069,504,571
	법인세	1,004,970,914
	세후 영업이익 합계	4,064,533,657
자본비용	자본금	25,000,000,000
	자본 조달 비율	0.10
	자기자본비용	2,500,000,000
	부채	5,000,000,000
	자본 조달 비율	0.15
	타인자본비용	750,000,000
	자본비용 합계	3,250,000,000
EVA	세후 영업이익 - 자본비용	814,533,657

3. 적용 방법

영업이익에서 법인세를 차감한 세후 영업이익에서 타인자본비용과 자기자본비용을 합산한 총자본비용을 차감해 EVA를 계산함.

1. 세후 영업이익 계산

영업이익(매출－비용)에서 법인세(영업이익 × 법인세 비율)를 차감함.

2. 자본비용 계산

타인자본비용과 자기자본비용을 더하여 자본비용을 계산함.

3. EVA 계산

세후 영업이익에서 자본비용을 차감하여 EVA를 구함

경제적 부가가치(EVA)

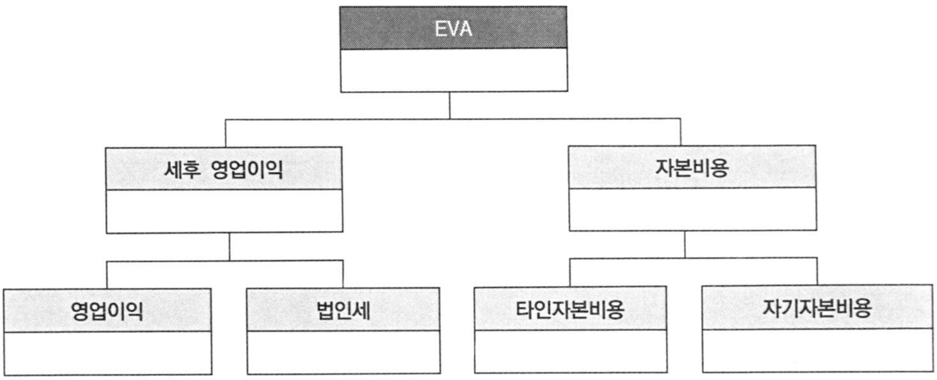

〈전략적 시사점〉

1.

2.

3.

생산성 분석기법 06

1. 개념

① 생산성 분석(Productivity Analysis)은 "우리 회사의 생산성은 어느 수준인가?"란 질문에 답을 하는 기법임.

생산성이란 투입에 대한 산출의 비율로서, 생산요소를 얼마나 효율적으로 이용하였는가를 나타내는 개념으로 투입되는 생산요소(Input)에 따라 단일요소생산성(하나의 투입 요소에 대한 산출량)과 총요소생산성(두 개 이상의 투입요소에 대한 산출량)으로 구분할 수 있음.

생산성(Productivity) 분석기법은 경영활동의 효율과 성과를 정량적으로 측정하며 자원 배분의 합리성을 평가할 수 있고, 동일 산업의 생산성 평균치와 비교 분석하여 자사의 생산성 수준을 파악해 경영효율화를 위한 근거 자료로 활용함.

② 생산성 분석은 산출되는 형태(Output)에 따라서는 총산출 측정방법과 부가가치 측정방법으로 나누어지고 있는데 현재 부가가치 기준 생산성이 가장 많이 활용됨.

- 부가가치 비율(일정기간 동안 창출한 부가가치와 매출액과의 비율)
  = 부가가치/매출액
- 노동생산성(노동투입량 1단위(시간, 인원 등)가 창출한 부가가치)
  = 부가가치/노동투입량
- 노동분배율(부가가치 중 인건비가 차지하는 비율)
  = 인건비/부가가치
- 자본생산성(투자된 총자본에 대한 부가가치 창출 비율)
  = 부가가치/총자본

생산성 분석의 의미

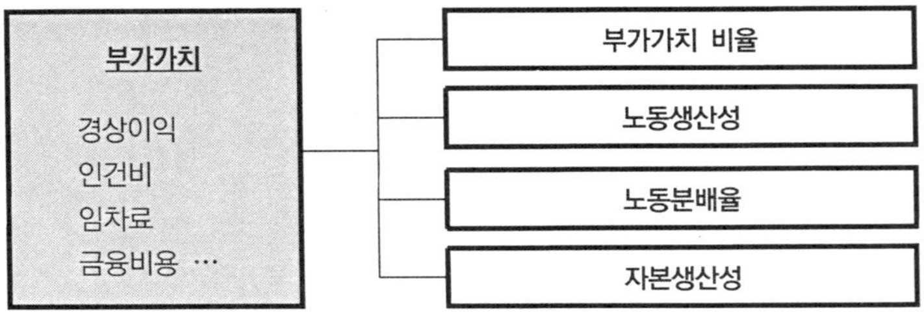

2. 사례

구분	의미	주요 지표	금액	생산성
1. 부가가치	일정 기간 동안 경영활동을 통해 새롭게 부가된 가치	경상이익	5,124,854,571	17,606,729,571
		인건비	9,076,875,000	
		임차료	1,000,000,000	
		순금융비용	5,000,000	
		조세 공과	1,400,000,000	
		감가상각비	1,000,000,000	
2. 부가가치 비율	일정기간 동안 창출한 부가가치와 매출액과의 비율	부가가치	17,606,729,571	20%
		매출액	88,631,620,000	
3. 노동생산성	노동 투입량 1단위(시간, 인원 등)가 창출한 부가가치	부가가치	17,606,729,571	88,033,648
		노동투입시간	200	
4. 노동분배율	부가가치 중 인건비가 차지하는 비율	인건비	9,076,875,000	31%
		부가가치	28,900,064,062	
5. 자본생산성	투자된 총자본에 대한 부가가치 창출 비율	부가가치	17,606,729,571	24%
		총자본	74,315,106,254	

〈생산성 비율〉

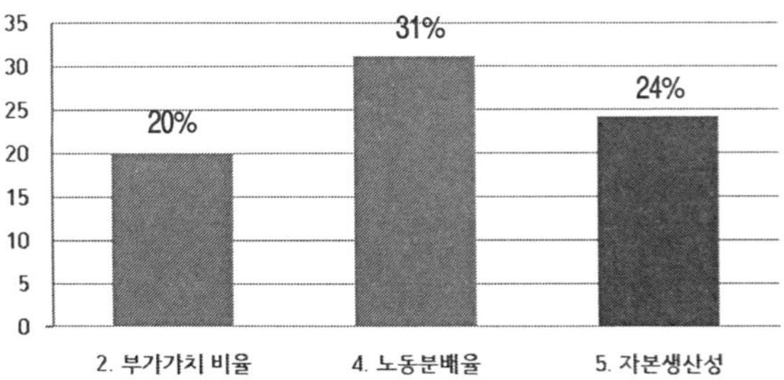

3. 적용 방법

일정 기간 동안 기업 경영활동을 통해 창출된 부가가치를 계산한 후 매출액, 노동 투입시간, 인건비, 총자본 등의 지표를 활용하여 생산성을 계산함.

1. 부가가치 = 경상이익+인건비+임차료+순금융비용+조세공과+감가상각비 (손익계산서 활용)
2. 부가가치 비율 = 부가가치 / 매출액
3. 노동생산성 = 부가가치 / 노동 투입량 (시간, 인원 등)
4. 노동분배율 = 인건비 / 부가가치
5. 자본생산성 = 부가가치 / 총자본 (재무상태표 활용)

〈생산성 계산〉

구분	주요 지표	금액	생산성
1. 부가가치	경상이익		
	인건비		
	임차료		
	순금융비용 (이자비용 - 이자수익)		
	조세 공과		
	감가상각비		
2. 부가가치 비율	부가가치		
	매출액		
3. 노동생산성	부가가치		
	노동투입시간 (시간 or 인원)		
4. 노동분배율	인건비		
	부가가치		
5. 자본생산성	부가가치		
	총자본		

〈시사점〉

1.
2.
3.

PART 07

재무제표 분석 및 추정

[재무제표 분석 및 추정 기법 체계도]

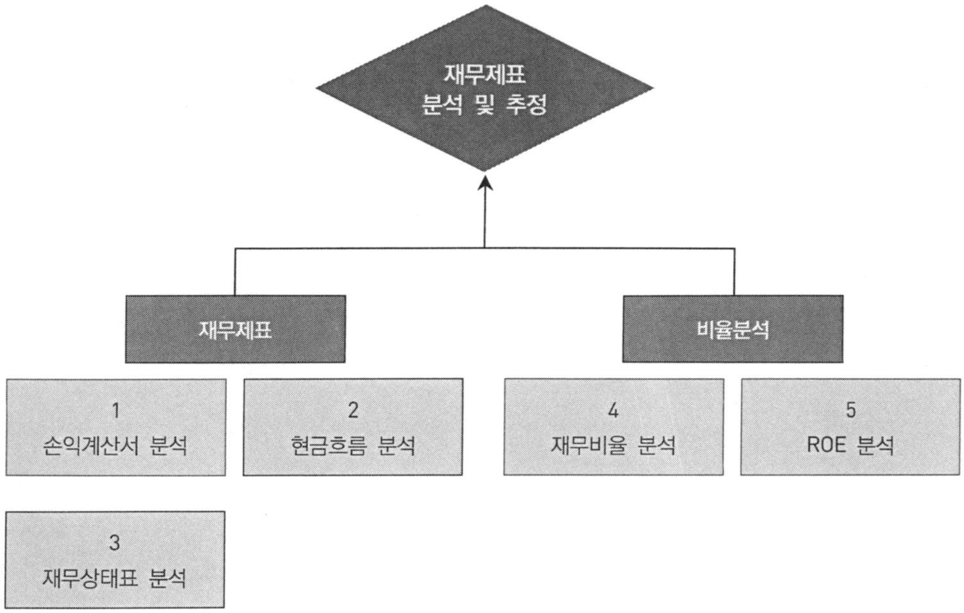

[재무제표 분석 및 추정 - 5개]

번호		기법	주요 질문
재무제표	1	손익계산서 분석	일정 기간의 경영 성과는 어느 정도인가?
	2	현금흐름 분석	일정 기간의 현금흐름은 어느 정도인가?
	3	재무상태표 분석	일정 시점에서 우리 회사의 재무상태는 어느 정도인가?
비율분석	4	재무비율 분석	일정 시점에 우리 회사의 경영 성과는 어느 수준인가?
	5	ROE 분석	일정 시점에 우리 회사의 이익률은 어느 수준인가?

손익계산서 분석기법 01

1. 개념

① 손익계산 추정은 “일정 기간의 경영 성과는 어느 정도인가?”란 질문에 답을 하는 기법임. 손익계산 추정은 일정기간(회계연도) 동안 기업의 경영성과를 파악하기 위해 수익과 비용의 개념을 대응시켜 순이익의 형태로 요약해서 보여주는 재무제표인 손익계산서를 추정하는 기법임. 손익계산 추정은 기업의 경영상태 및 효율성을 분석할 수 있으며 기업이 목표로 한 경영성과의 달성 여부를 파악할 수 있고, 경영 의사결정 수행 시 예상되는 손익의 결과를 사전에 추정해 봄으로써 경영활동의 결과를 어느 정도 예측해 볼 수 있음. 또한 경쟁사나 경쟁 산업의 경영성과와 비교한 뒤 자사 경영성과의 적정성을 판단할 수 있고, 경영전략 수립에 참고할 수 있음.

② 손익계산 추정에서 수익이란 경영활동에 따른 판매 또는 서비스 제공 등에 대한 대가로 발생하는 자산의 유입 또는 부채의 감소를 의미하고, 비용은 경영활동에 따른 자산의 유출 또는 부채의 증가를 의미함.

〈손익계산서 추정〉

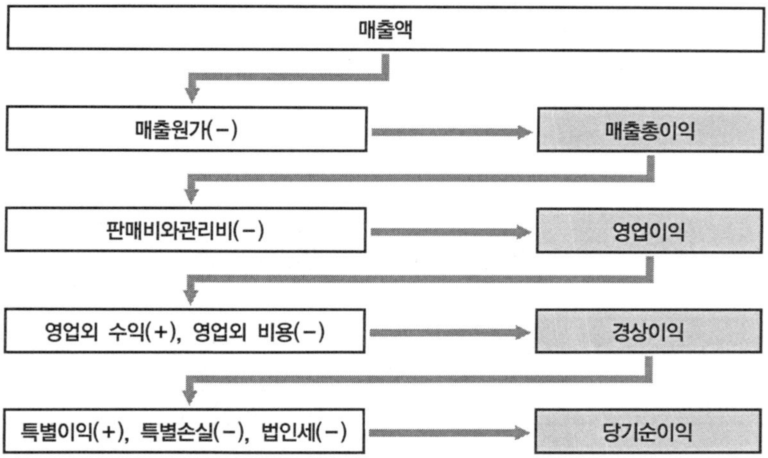

2. 사례

항목	예상치	비율
I. 매출액	**88,631,620,000**	100.0%
1. 국내 매출액	45,342,400,000	51.2%
2. 수출액	43,289,220,000	48.8%
3. 청산 매출액	0	0.0%
II. 매출원가	**46,923,785,929**	52.9%
1. 기초 제품 재고액	5,564,520,000	6.3%
2. 당분기 제조원가	49,196,000,000	55.5%
3. 기말 제품 재고액	7,836,734,071	8.8%
III. 매출총이익	**41,707,834,071**	47.1%
IV. 판매 및 관리비	**36,638,329,500**	41.3%
1. 임직원급여	5,315,000,000	6.0%
2. 영업직원급여	2,261,875,000	2.6%
3. 임직원인센티브	1,500,000,000	1.7%
4. 광고비	7,390,000,000	8.3%
5. 판매촉진비	2,253,750,000	2.5%
6. 물류비	3,460,800,000	3.9%
7. 재고관리비	881,192,000	1.0%
8. 영업본부 유지비	1,400,000,000	1.6%
9. 유통매장 유지비	3,311,250,000	3.7%
10. 교육훈련비	1,251,400,000	1.4%
11. 연구개발비	5,000,000,000	5.6%
12. 본사임차료	1,000,000,000	1.1%
13. 혁신추진비	0	0.0%
14. 기타비용	1,613,062,500	1.8%
V. 영업이익	**5,069,504,571**	5.7%
VI. 영업외 수익	**86,250,000**	0.1%
1. 이자수익	86,250,000	0.1%
2. 유가증권 평가이익	0	0.0%
VII. 영업외 비용	**30,900,000**	0.0%
1. 이자비용	0	0.0%
2. 유가증권 평가손실	30,900,000	0.0%
3. 유형자산 처분손실	0	0.0%
VIII. 경상이익	**5,124,854,571**	5.8%
IX. 중단사업 손익	**0**	0.0%
X. 법인세비용 차감전 순이익	**5,124,854,571**	5.8%
XI. 법인세 비용	**1,004,970,914**	1.1%
XII. 당기순이익	**4,119,883,657**	4.6%

3. 적용 방법

당기의 매출액을 중심으로 손익계산서의 주요 항목을 아래와 같이 계산한 후 경영 성과 상의 특이사항이나 참고사항을 찾아내면서 경영 활동에 유용한 정보를 도출함.

1. 매출총이익 = 매출액 − 매출원가
2. 영업이익 = 매출총이익 − 판매비와 관리비
3. 경상이익 = 영업이익 + 영업외수익 − 영업외비용
4. 당기순이익 = 경상이익 + 특별이익 − 특별손실 − 법인세비용

항목	(　　　)년	(　　　)년	(　　　)년
1. 매출액			
2. 매출원가			
3. 매출총이익			
4. 판매비와 관리비			
5. 영업이익			
6. 영업외 비용			
7. 영업외 수익			
8. 경상이익			
9. 당기순이익			

〈매출액과 영업이익의 변화〉

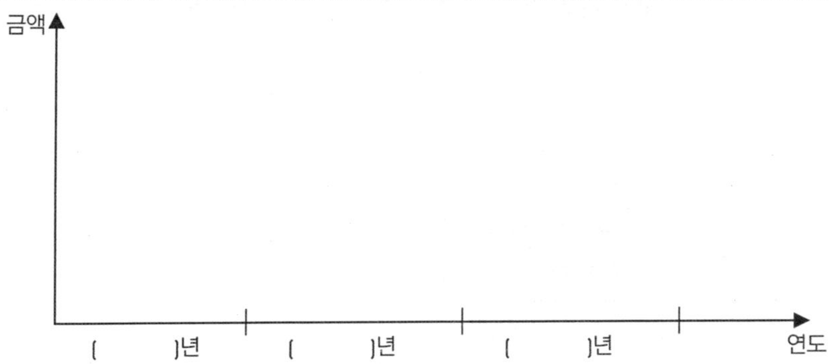

현금흐름 분석기법 02

1. 개념

① 현금흐름 추정은 "일정 기간의 현금흐름은 어느 정도인가?"란 질문에 답을 하는 기법임. 기업의 경영활동으로 인해 발생하는 현금의 유입과 유출을 영업활동, 투자활동 그리고 재무활동으로 구분하여 현금흐름의 순 증감을 보여주는 재무제표인 현금흐름표를 추정하는 방법임. 현금흐름 추정은 한 기간 동안의 현금 증감이 왜, 무엇 때문에 기인하였는가에 대한 실질적 정보를 주요 활동별로 제공하고, 순현금흐름을 손익계산서의 당기 순이익과 비교 분석하면서 당기 순이익이 얼마나 현금창출에 기여하고 있는가를 평가할 수 있음. 또한 기업의 실질적인 현금창출 능력, 부채 상환 가능성, 배당금 지급 능력 등을 평가하는 재무 건전성을 평가하는 데 도움을 줌.

② 현금흐름 추정은 크게 3단계로 구성함.

- [1단계] 영업활동으로 인한 현금흐름 : 상거래 및 손익에 영향을 미치는 기타 부수적인 거래로 인해 유입된 현금과 유출된 현금의 흐름을 나타냄.
- [2단계] 투자활동으로 인한 현금흐름 : 유형자산, 투자자산 등 비유동자산을 처분하거나 취득하면서 유입된 현금과 유출된 현금의 흐름을 나타냄.
- [3단계] 재무활동으로 인한 현금흐름 : 비유동부채의 차입 및 자본의 증자로 조달된 현금과 비유동부채의 상환 및 자본의 반환(자기주식의 취득, 배당금 지급 등)에 따라 유출된 현금의 흐름을 나타냄.

〈현금의 순환과정〉

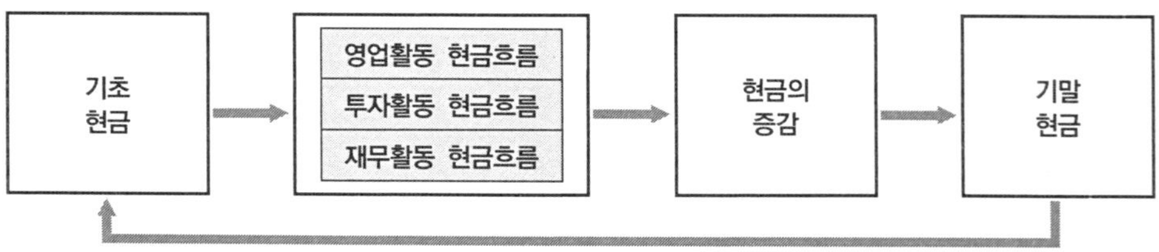

2. 사례

항목	금액
I. 영업활동으로 인한 현금흐름	2,961,743,082
1. 매출 등 수익활동으로부터 유입액	88,714,793,496
(전기 매출액을 입력)	88,839,553,740
가. 전기 매출 유입액 (=전기 매출액의 0.4)	35,535,821,496
나. 당기 매출 유입액 (=당기 매출액의 0.6)	53,178,972,000
2. 매입 및 종업원에 대한 유출액	84,834,329,500
가. 총 제조원가	49,196,000,000
나. 감가상각비	1,000,000,000
다. 판매 및 관리비	36,638,329,500
3. 이자수익 유입액	86,250,000
4. 이자비용 유출액	0
5. 법인세의 지급	1,004,970,914
II. 투자활동으로 인한 현금흐름	-2,030,900,000
1. 투자활동으로 인한 현금 유입액	4,000,000,000
가. 단기 금융상품의 처분 (=전기 양도성예금증서 투자액)	4,000,000,000
나. 유가 증권의 처분 (=처분하는 펀드 계좌수 × 전기 주가지수)	0
다. 생산설비의 매각	0
라. 공장의 매각	0
2. 투자활동으로 인한 현금 유출액	6,030,900,000
가. 단기 금융상품의 취득 (=당기 양도성예금증서 투자액)	5,000,000,000
나. 유가 증권의 취득 (=취득하는 펀드 계좌수 × 전기 주가지수)	1,030,900,000
다. 생산설비의 취득	0
라. 공장의 취득	0
마. 특허권 취득 (전략적 의사결정 성공 시 적용)	0
III. 재무활동으로 인한 현금흐름	-123,596,510
1. 재무활동으로 인한 현금 유입액	0
가. 단기 차입금의 차입(=CFO의 은행대출 의사결정)	0
나. 사채의 발행 (=당기 회사채 발행금액)	0
다. 주식의 발행 (=당기 발행 주식수 × 전기 주가)	0
(전기 주가)	5,774
2. 재무활동으로 인한 현금 유출액	123,596,510
가. 단기 차입금 및 긴급자금대출 상환	0
나. 사채의 상환 (=회사채 발행 시 4분기 후 자동상환)	0
다. 배당금 지급	123,596,510
IV. 현금의 증가/감소	807,246,572
V. 기초의 현금	14,218,477,611
VI. 긴급자금대출 (=현금부족 시 자동대출)	0
VII. 기말의 현금	15,025,724,183

(Output) 현금흐름표 추정치

항목	A. 예상치
I. 영업활동 현금흐름	2,961,743,082
II. 투자활동 현금흐름	−2,030,900,000
III. 재무활동 현금흐름	−123,596,510
IV. 현금의 증가/손실 (= I + II + III)	807,246,572
V. 기초의 현금	14,218,477,611
VI. 기말의 현금 (=IV + V)	15,025,724,183

3. 적용 방법

일정 기간 동안의 영업활동, 투자활동, 재무활동에 대한 현금흐름을 아래와 같이 계산한 후 현금증감의 주요 요인을 찾아보고 기초현금과 기말현금의 변화를 관찰함.

1. 영업활동 현금흐름 = 현금유입(매출액, 이자수익 등) − 현금유출(매입, 급여, 법인세, 이자비용 등)
2. 투자활동 현금흐름 = 현금유입(금융상품 처분, 설비매각 등) − 현금유출(금융상품 취득, 설비 취득 등)
3. 재무활동 현금흐름 = 현금유입(차입금, 사채 및 주식 발행 등) − 현금유출(차입금 상환, 사채 상환 등)
4. 현금의 증감 = 영업, 투자, 재무 현금흐름의 총액을 기초현금에 더하여 기말현금을 계산함.

항목	(　　　)년	(　　　)년	(　　　)년
I. 영업활동 현금흐름			
현금유입액			
현금유출액			
II. 투자활동 현금흐름			
현금유입액			
현금유출액			
III. 재무활동 현금흐름			
현금유입액			
현금유출액			
IV. 현금의 증감			
V. 기초 현금			

〈(　　　　　　　)년 현금흐름 분석〉

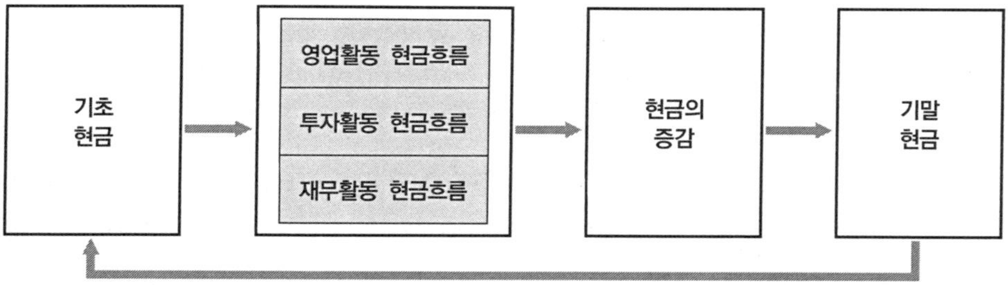

재무상태 분석기법 03

1. 개념

① 재무상태 추정은 "일정 시점에서 우리 회사의 재무상태는 어느 정도인가?"란 질문에 답을 하는 기법임. 일정 시점에서 기업이 보유하고 있는 경제적 자원인 자산과 경제적 의무인 부채, 그리고 자본에 대한 정보를 제공하는 재무보고서인 재무상태표를 추정하는 기법을 의미함. 재무상태 추정은 부채와 자본에 관한 정보를 통해서 재무구조의 건전성 여부와 Risk의 대응능력에 대한 정보를 제공하며, 예상하지 않았던 자금 수요나 유리한 투자기회가 발생한 경우 기업이 대응할 수 있는 능력에 대한 정보를 제공. 또한 손익계산서의 이익 구성요소들을 자산계정에 관련시킴으로써 기업의 수익성을 평가하는 데 유용한 정보를 제공. (예: 자기자본이익률 ROE)

② 재무상태 추정은 자산과 부채 및 자본 추정을 기반으로 함.

- 자산(assets) : 기업이 영업활동을 수행하기 위하여 소유하고 있는 경제적 자원(현금, 기계, 건물 등)
- 부채(liabilities) : 제3자로부터 현금을 빌리거나, 제품과 같은 재화 또는 용역을 제공받았지만 그 대가를 아직 지급하지 않아서 장차 갚아야 할 경제적 의무(차입금, 매입 채무 등)
- 자본(owners' equity) : 기업의 소유주가 투자한 자금 및 영업활동을 통한 자금의 증가분으로서 자산에서 부채를 뺀 후에 남는 금액(자본금, 자본잉여금, 이익잉여금 등)

〈재무상태표의 구성〉

자금의 운용 (차변)	자금의 조달 (대변)
자산 (Assets)	부채(Liabilities) + 자본(Owner's Equity)

2. 사례

항 목	금 액	`합 계
Ⅰ. 유동자산		64,315,106,254
1. 당좌자산	56,478,372,183	
가. 현금 및 현금등가물	15,025,724,183	
나. 매출채권	35,452,648,000	
다. 단기 금융상품	5,000,000,000	
라. 단기 매매증권(=유가증권의 기말장부가)	1,000,000,000	
2. 재고자산	7,836,734,071	
가. 재료재고	0	
나. 제품재고	7,836,734,071	
Ⅱ. 비유동자산		10,000,000,000
1. 유형자산	10,000,000,000	
가. 공장(=공장의 기말장부가)	5,200,000,000	
나. 생산설비(=생산라인의 기말장부가)	4,800,000,000	
2. 무형자산	0	
가. 영업권 및 특허권	0	
3. 투자자산	0	
자산총계		74,315,106,254
Ⅰ. 유동부채		5,000,000,000
1. 단기차입금	5,000,000,000	
Ⅱ. 비유동부채		10,000,000,000
1. 사채	10,000,000,000	
부채총계		15,000,000,000
Ⅰ. 자본금		25,000,000,000
Ⅱ. 자본잉여금		0
1. 전기말 자본잉여금	0	
2. 당기 자본잉여금 증가	0	
2-1. 당기 발행 주식수	0	
2-2. 전기 주가-액면가	774	
Ⅲ. 이익잉여금		34,315,106,254
1. 전기 이익잉여금	30,318,819,107	
2. 당기 이익잉여금 증가	3,996,287,147	
2-1. 당기순이익	4,119,883,657	
2-2. 배당금	123,596,510	
Ⅳ. 자본조정		0
자본 총계		59,315,106,254
부채와 자본 총계		74,315,106,254

3. 적용 방법

자산, 부채, 자본의 구성을 중심으로 재무상태표의 주요 항목을 아래와 같이 계산한 후 경영 활동 및 의사결정에 필요한 유용한 정보를 도출함.

1. **자산** = 유동자산 (1년 안에 현금화 가능한 당좌, 재고자산) + 비유동자산 (투자, 유형, 무형 자산)
2. **부채** = 유동부채 (1년 안에 상환해야 할 부채) + 비유동부채 (상환기간 1년 이상의 부채)
3. **자본 계산** = 자본금, 자본잉여금, 자본조정, 이익잉여금 등의 항목을 계산
4. **차변과 대변의 합계 비교** = 차변(자산)의 합계와 대변(부채 + 자본)의 합계가 일치하는지 확인

항목	( )년	( )년	( )년
[자산 총계]			
유동자산			
비유동자산			
[부채 총계]			
유동부채			
비유동부채			
[자본 총계]			
자본금			
자본잉여금			
이익잉여금			
[부채와 자본 총계]			

재무비율 분석기법 04

1. 개념

① 재무비율 추정은 "일정 시점에 우리 회사의 경영 성과는 어느 수준인가?"란 질문에 답을 하는 기법임. 재무제표 항목들 간의 비율을 산출하여 다른 기업과 비교하거나 산업 평균 비율과 비교하여 기업의 재무상태나 경영성과를 분석하는 방법임.

재무적 관점에서 경영성과 및 기업의 건전성을 파악할 수 있고, 기업이 속한 산업의 평균 또는 경쟁 기업들과 비교하여 자사 경쟁력의 정도를 가늠할 수 있음. 또한 시간의 흐름에 따라 재무적 성과의 변화를 비교해보면서 미래의 예상 성과 및 성장추세를 가늠할 수 있기 때문에 경영전략과 관련된 주요 의사결정에 참고할 수 있고, 금융기관 및 투자자의 의사결정에도 유용하게 활용될 수 있음.

② 재무비율 추정은 목적에 따라 매우 다양하게 분석할 수 있는데, 기본적으로 안정성, 활동성, 수익성, 성장성 등을 분석함.

- **안정성** : 기업의 단기 채무에 대한 지급 능력을 평가하는 비율 (유동비율, 당좌비율 등)
- **활동성** : 자산을 얼마나 효율적으로 이용하는가를 평가하는 비율 (재고자산회전율, 매출채권회전율)
- **수익성** : 일정 기간 동안 수익을 얼마나 창출했는가를 평가하는 비율 (총자산이익률, 자기자본이익률 등)
- **성장성** : 기업 규모나 성과가 얼마나 성장했는가를 평가하는 비율 (매출액증가율, 영업이익 증가율)

〈재무비율 분석의 종류〉

안정성	활동성
• 유동비율 • 당좌비율	• 재고자산회전율 • 매출채권회전율
수익성	**성장성**
• 총자산이익률 • 자기자본이익률	• 매출액 증가율 • 영업이익 증가율

2. 사례

구분	주요 재무비율	구성 요소	금액	비율
수익성	1. 자기자본이익률 (=순이익/자기자본)	순이익	4,119,883,657	6.95%
		자기자본	59,315,106,254	
	2. 매출액이익률 (= 영업이익/매출액)	영업이익	4,119,883,657	4.65%
		매출액	88,631,620,000	
유동성	3. 당좌비율 (=당좌자산/유동부채)	당좌자산	56,478,372,183	1129.57%
		유동부채	5,000,000,000	
안정성	4. 부채비율 (=부채총계/자기자본)	부채총계	15,000,000,000	25.29%
		자기자본	59,315,106,254	
활동성	5. 총자산회전율 (=매출액/총자산)	매출액	88,631,620,000	119.26%
		총자산	74,315,106,254	
성장성	6. 매출액증가율 =[(당기매출액－전기매출액)/전기매출액]	당기 매출액	88,631,620,000	－0.23%
		전기 매출액	88,839,553,740	

3. 적용 방법

재무제표를 활용하여 안정성, 활동성, 수익성, 성장성 항목별로 재무비율을 계산하고 시사점을 찾아냄.

1. 안정성

• 유동비율(＝유동자산/유동부채×100)

• 당좌비율(=당좌자산/유동부채×100)

2. 활동성

• 재고자산회전율(=매출액/재고자산×100)
• 매출채권회전율(=매출액/매출채권×100)

3. 수익성

• 총자산이익률(=당기순이익/총자산×100)
• 자기자본이익률(=당기순이익/자기자본×100)

4. 성장성

• 매출액증가율(=당기매출액/전기매출액×100)
• 영업이익증가율(=당기영업이익/전기영업이익×100)

〈주요 재무비율의 현황〉

안정성 지표			
구분	재무항목	금액	비율
유동비율	유동자산		
	유동부채		
당좌비율	당좌자산		
	유동부채		

활동성 지표			
구분	재무항목	금액	비율
재고자산 회전율	매출액		
	재고자산		
매출채권 회전율	매출액		
	매출채권		

수익성 지표			
구분	재무항목	금액	비율
총자산 이익률	당기순이익		
	총자산		
자기자본 이익률	당기순이익		
	자기자본		

성장성 지표			
구분	재무항목	금액	비율
매출액 증가율	당기 매출액		
	전기 매출액		
영업이익 증가율	당기 영업이익		
	전기 영업이익		

〈전략적 시사점〉

1.

2.

3.

ROE 분석기법

05

1. 개념

① ROE 추정은 "일정 시점에 우리 회사의 이익률은 어느 수준인가?"란 질문에 답을 하는 기법임.

주주들이 기업에 투자한 자금의 수익성을 측정하는 지표로서 수익에서 모든 비용을 제외한 당기순이익을 자기자본으로 나눈 비율로 계산하며 매출액이익률, 자산회전율, 레버리지 비율로 분해될 수 있음.

투자자의 입장에서 ROE가 높은 기업은 자본을 효율적으로 사용해 이익을 많이 내는 기업이기 때문에 정기예금 금리 이상의 요구수익률을 기준으로 ROE를 판단하여 투자기업을 선정할 수 있음. 또한 경영진의 입장에서 신규투자를 결정할 때 예상되는 수익률이 기존의 ROE에 비해 높은지를 판단하여 투자를 결정할 수 있음. 만약 기존의 ROE에 미치지 못한다면, 자본 효율성을 떨어뜨리는 결과가 될 수 있음.

② ROE 추정은 크게 3개 항목으로 세분해서 분석함.

- **매출액이익률** : 이익창출을 위해 수행하는 영업활동의 효율성을 측정하는 지표로서 비율이 높을수록 비용효율이 높고 높은 마진을 가진 것으로 이해할 수 있음 (=이익/매출)
- **자산회전율** : 자산을 얼마나 효율적으로 이용하는가를 의미하며 비율이 높을수록 기업이 보유한 자산을 신속하게 회전시켜 매출을 일으킨다고 볼 수 있음 (=매출/자산)
- **레버리지 비율** : 자본조달의 안전성을 나타내는 지표로서 비율이 높을수록 부채를 많이 지고 있지만 관점에 따라 적극적으로 사업을 수행한다고 볼 수 있음 (=자산/자본)

〈ROE의 구성〉

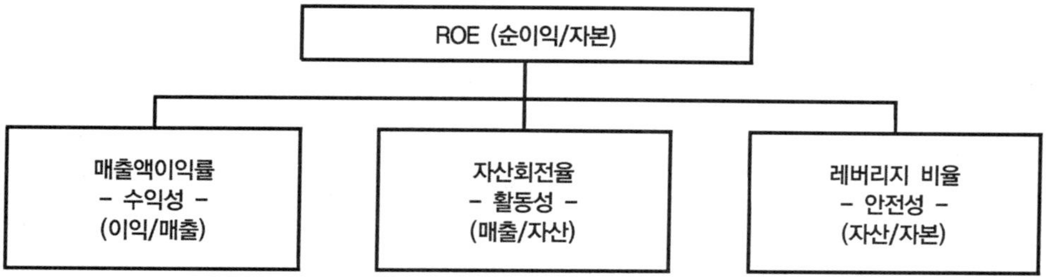

2. 사례

	구분	항목	A. 예상치
(Input)	손익계산서 활용	매출액	88,631,620,000
		매출총이익	41,707,834,071
		영업이익	5,069,504,571
		경상이익	5,124,854,571
		순이익	4,119,883,657
	재무상태표 활용	자산	74,315,106,254
		자본	59,315,106,254
(Output)	**1. 자기자본 이익률 (ROE)**	순이익/자본	6.95%
	1-1. 매출액이익률 (영업활동, 수익성)	순이익/매출액	4.65%
	1-2. 자산회전율 (투자활동, 활동성)	매출액/자산	119.26%
	1-3. 레버리지 비율 (재무활동, 부채비율)	자산/자본	125.29%
	2. 영역별 효율성		
	2-1. 생산/구매 효율성	(매출액 - 매출원가)/매출액	47.1%
	2-2. 경영관리 효율성	(매출총이익 - 판관비)/매출총이익	12.2%
	2-3. 자금관리 효율성	경상이익/영업이익	101.1%
	2-4. 세금 경쟁력	(경상이익 - 법인세 비용)/경상이익	80.4%

〈ROE 분석 구조도〉

3. 적용 방법

재무상태표와 손익계산서의 자산, 자본, 매출, 이익 항목을 활용하여 ROE의 구성요소인 매출액이익률, 자산회전율, 레버리지 비율을 계산하고 최종적으로 ROE를 도출함.

1. 매출액이익률

=당기순이익을 매출액으로 나누어 계산 (=당기순이익/매출액 × 100)

2. 자산회전율

=매출액을 총자산으로 나누어 계산 (=매출액/총자산 × 100)

3. 레버리지 비율

=총자산을 자기자본으로 나누어 계산 (=총자산/자기자본 × 100)

4. ROE

=당기순이익을 자기자본으로 나누어 계산 (=당기순이익/자기자본 × 100)

〈(　　　　　　)년 ROE 분석〉

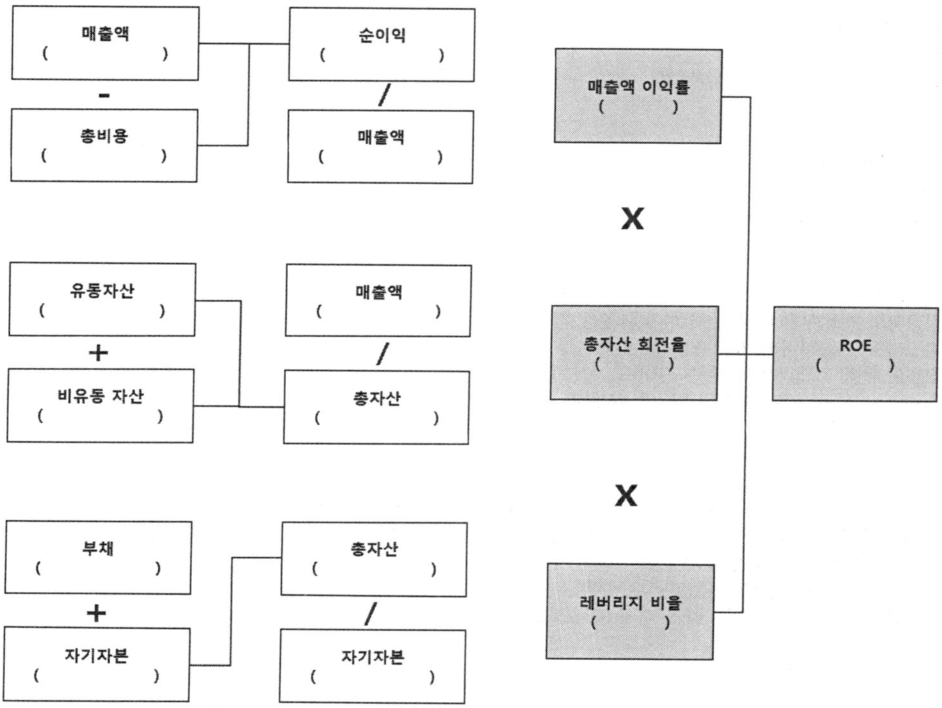

[저자소개]

김상수

〈학력〉
고려대학교 (산업공학 학사)
조지아 주립대학교(경영학 석사)
조지아 주립대학교(경영학 박사)

〈주요 경력〉
現) 한양대학교 경영학부 교수
現) ㈜B2L Soft CTO
現) 한국 정보시스템 학회 부회장

〈주요 연구 분야〉
경영 전략 시뮬레이션
전략적 의사결정
창조 경영과 창조적 혁신
창업과 신 사업 기획

〈주요 저서〉
경영자와 관리자를 위한 전략적 의사결정 방법론
비즈니스 시뮬레이션 게임 Biz-Master
창업을 위한 사업계획서 작성 가이드
Creative Thinker를 위한 아이디어 발상법
창조경영의 원리와 추진 전략 등 다수

〈주요 프로젝트〉
경영 시뮬레이션 5종 개발 - Biz-CEO, Biz-MANAGER, Biz-ESG, BIZ-MBA, Biz-Champion
맞춤형 경영 시뮬레이션 6종 개발 - 삼성전자 SDMS, 포스코 PBS, SKI SKBS, SKI SBBS, HSG HMS, 홈앤서비스 HNSBS
한국남동발전 창조경영 수준진단 프로젝트
현대해상화재 자동차포털서비스 구축 프로젝트 등 다수

기업의 핵심 인재가 갖추어야 할

핵심경영기법 - 60선

인 쇄 2024년 4월 8일
발 행 2024년 4월 15일

저 자 김상수
펴 낸 이 김광범
펴 낸 곳 도서출판 시대가치

출판등록 2017년 3월 23일 제2018-000088호
주 소 서울특별시 마포구 토정로 222, 422-1호(한국출판콘텐츠센터)
전 화 02)3152-2620 / 팩스 02)6442-2621
이 메 일 timepub2017@gmail.com
홈페이지 시대가치.com

ISBN 979-11-89607-88-3 93320

가격 21,000원